EGON LAMPRECHT · HEIZEN UND KÜHLEN AN BORD

EGON LAMPRECHT

Heizen und Kühlen an Bord

DELIUS KLASING VERLAG

ISBN 3-87412-097-X

Fotos: Eberspächer (3), Electrolux (1), German-Freezer (1), Lamprecht (17), Volvo-Penta (2), Wallas (2), Webasto (2)
Zeichnungen: Ardic-Volvo (1), Eberspächer (5), Engel (2) Frigomar (2), German-Freezer (6), Lamprecht (12), Polarmatic (1), Reflex (1), Truma (2), Volvo-Penta (2), Waeco (1), Wallas (4), Webasto (3)

Printed in Germany 1989

Druck: Kunst- und Werbedruck, 4970 Bad Oeynhausen

Inhalt

Heizen an Bord

Die Saison ist immer zu kurz

Immer mehr Sportschiffer würden nur zu gerne nicht nur in den warmen Sommermonaten ihr Hobby betreiben, sondern ihre Freizeit solange wie möglich auf ihrem Boot verbringen. Natürlich soll's sportlich zugehen während des Törns, aber danach in der Kajüte sollten klamme Finger, rote Nasen und nasse Kleider der Vergangenheit angehören. Ein Punkt, der dann zum zentralen Problem werden kann, wenn die Familie mit an Bord ist. Ohne angenehme Wärme will die rechte Stimmung nicht aufkommen. Dabei wäre Abhilfe mit einer Heizung so leicht möglich.
Allerdings – wie überall – gilt auch hier: Gut geplant ist halb gewonnen. Denn was sich dann vielleicht in der Praxis als ungeeignet herausstellt, weil dies oder jenes nicht bedacht wurde oder die richtige Lösung nicht bekannt war, macht Ärger. Und gefährliche Behelfslösungen, so sehr ihre Einfachheit auch reizen mag, sollten auf jeden Fall tabu sein. Denn heute gibt es praktisch für jeden Anspruch das passende sichere Heizgerät.

Wichtigste Frage: Was erwarten wir denn von unserer Anlage überhaupt? Wollen wir nur möglichst schnell eine warme Kajüte oder wollen wir vielleicht auch Brauchwasser erwärmen? Wollen wir auch die Nacht an Bord verbringen oder ist unser Boot dafür nicht eingerichtet? Natürlich wäre auch eine Trockengelegenheit für nasse Kleider eine feine Sache. Das sind nur ein paar Punkte.
Weitere Fragen zur Technik: Luft- oder Wasserheizung? Welchen Brennstoff sollen wir wählen? Soll die Heizung bereits in der Werft eingebaut werden oder kann man nachrüsten? Und wenn ja, wie? Ganz klar, daß die Wärmemenge ausreichen muß. Das hängt von der Bootsgröße und vom Revier ab, aber noch von einigem mehr. Und wo ist Platz in unserem Boot und wieviel braucht unsere Heizung? Gibt es Sicherheitsvorschriften und wenn ja, welche? Wir sehen schon: Es gibt eine Menge zu bedenken. Mit diesem Büchlein wollen wir dabei behilflich sein.

Behelfsheizungen sind gefährlich

Regeln für sicheres, effektives Heizen

Kaltes, unfreundliches Wetter draußen, klamme feuchte Kleider und Polster, tropfende Decke drinnen, ungemütliche Atmosphäre also; da macht Not erfinderisch. Damit man sich aufwärmen kann, brennen dann unter Deck die Petroleumlampe, ein tragbarer Petroleumofen oder – „Experten"-Trick – über die offene Flamme des Kochers wird ein Blumentopf gestülpt, und schon ist die Heizung fertig. All das ist

1. nur bedingt wirksam. Gegen die zunehmende Luftfeuchtigkeit im Raum richten „Heizungen" dieser Art nichts aus. Im Gegenteil, sie tragen zu größerer Feuchtigkeit bei.

2. ist es gefährlich, und zwar lebensgefährlich.
Bei allen „Heizungen“ mit offener Flamme wird nämlich der zur Verbrennung notwendige Sauerstoff aus dem Kajütraum entnommen und die Verbrennungsprodukte werden in den Innenraum abgegeben. Wenn dann alle Luken und Fenster dicht sind und keine wirksame Zwangsbelüftung vorhanden ist, wird der Sauerstoff knapp in der Kajüte und die Verbrennung unvollständig. Und ganz gleich, welchen Brennstoff wir verheizen, bei unvollständiger Verbrennung entsteht das giftige Kohlenmonoxyd (CO). Es ist deshalb so gefährlich, weil es geruchlos ist. Was wir riechen, sind allenfalls weniger gut verbrannte Kohlenwasserstoffe, CO ist geruchlos. Aber nicht nur das. Auch die Anzeichen einer CO-Vergiftung sind nicht so deutlich, als daß man sie nicht mit leichter Seekrankheit verwechseln könnte. Bald folgt die Ohnmacht, aus der wir nicht mehr aufwachen würden. Nicht zu Spaßen also.

Daraus folgen die ersten beiden Regeln für eine sichere Heizung:

1. Abgas muß in einer geschlossenen Leitung nach außen abgeführt werden. Das ist absolutes Muß.
2. Die Verbrennungsluft ist in einer geschlossenen Leitung von außen der Heizung zuzuführen.
   Wir haben dann einen „geschlossenen Verbrennungskreislauf“. Abweichend davon ist die Entnahme der Verbrennungsluft direkt aus dem Einbauraum, z. B. Backskiste, Maschinenraum und, wenn dem keine Vorschriften entgegenstehen, aus der Kabine möglich. Letzteres ist bei Öfen und aus baulichen Gründen manchmal erforderlich. In jedem Fall muß aber sichergestellt sein, daß der Einbauraum ausreichend belüftet wird, wenn die Heizung in Betrieb ist.
   Das ist aber noch nicht alles. Tragbare Öfchen mit Dochtbrenner und ohne Kaminabzug nach außen sind zwar sicherlich bequem, aber zu der angesprochenen Vergiftungsgefahr stelle man sich nur vor, was passiert, wenn so ein Ding umfällt. Womöglich auf den Teppich.

Daraus folgern weitere Regeln für eine sichere Heizung:

3. Die ganze Anlage muß sicher und unverrückbar befestigt sein.

4. Alle zugänglichen Oberflächen dürfen nur so warm werden, daß sich niemand daran verbrennen kann und daß daran nichts anbrennen kann.

Auch der Brennstoff selbst birgt Gefahren. Und da gibt es Unterschiede. Am sichersten sind Dieselkraftstoff und Petroleum. Benzinheizungen sollten wir an Bord nur in Ausnahmefällen verwenden; zum Beispiel, wenn ein Benzinmotor mit Benzintank vorhanden ist. Es müssen allerdings dann die dafür geltenden Sicherheitsvorschriften strikt eingehalten werden.*

Eine Diesel- bzw. Petroleumheizung ist immer die bessere Lösung. Hinzu kommt, daß an bestimmten Revieren (z. B. Schweden, bayerische Gewässer) Benzinheizungen auf Booten gesetzlich verboten sind.

Heizen wir mit Flüssiggas, dann gibt es ein paar ganz unverzichtbare Grundsätze, die wir befolgen müssen, um die Sicherheit an Bord zu gewährleisten. Der Germanische Lloyd hat sie in einer Broschüre „Richtlinien für Einbau und Prüfung von Flüssiggas-Anlagen auf Wassersport-Fahrzeugen“ zusammengestellt. Auch der Deutsche Seglerverband beschäftigt sich in seinem „Merkblatt über Flüssiggasanlagen auf Sportbooten“ damit.

Dadurch, daß wir den zur Verbrennung nötigen Sauerstoff aus dem Freien holen und die Verbrennungsprodukte wieder ins Freie abführen, haben wir schon viel für die Sicherheit getan. Wir selbst sind aber auch Sauerstoffverbraucher und Feuchtigkeitsquelle. Der Mensch atmet, auch wenn er ruht, etwa 0,5 m^3 Luft pro Stunde ein und 20 Liter Kohlendioxyd aus. Außerdem gibt er noch 50 g Wasserdampf pro Stunde ab. Man muß also auch für Luftwechsel sorgen und für Trockenheit in der Kajüte.

Am besten macht das die Frischluft-Gebläseheizung.

Heizt man mit Umluft, dann ist auf andere Weise zu gewährleisten, beispielsweise durch teilweise geöffnete Luken oder Fenster oder noch besser durch eine Zwangsbelüftung, die auch bei geschlossenen Fenstern

* Siehe auch: „Richtlinien für den Bau und die sicherheitstechnische Ausrüstung von kleinen Wassersport-Fahrzeugen aus GFK“ des Germanischen Lloyd.

und Luken in Funktion bleibt, daß die Kajüten ausreichend belüftet werden.

Das Angebot

Unsere bisher aufgestellten Regeln betrafen die Sicherheit. Da ist ein bestimmter Sicherheitstandard unverzichtbar.
Anders ist es beim Komfort. Je nach Anspruch können hier recht unterschiedliche Lösungen die richtigen sein. Es kommt auf den Aufwand an, den wir uns leisten wollen oder können.
Als Beispiele seien genannt:

1. Macht es uns nichts aus, mit Streichholz und Ofenanzünder zu hantieren oder wollen wir, daß die Heizung automatisch startet?
2. Haben wir mehrere Räume mit Wärme zu versorgen oder genügt uns ein Öfchen in der Kajüte?
3. Wollen wir nur schnell eine warme Kajüte oder eine Heizung für „Wohnen an Bord"?
4. Sind wir mit der „Lukenregelung" zufrieden oder soll die Temperaturregelung über Temperaturfühler automatisch erfolgen?
5. Nehmen wir in Kauf, Spezialbrennstoff besorgen zu müssen, oder soll die Heizung aus dem Tank des Bootsmotors versorgt werden?
6. Wie steht es mit Bedarf an warmem Brauchwasser?
7. Sollen nasse Kleidungsstücke rasch getrocknet werden?

All das betrifft nicht die Sicherheit, aber unseren Geldbeutel. Schauen wir uns mal am Markt um, was angeboten wird. Es ist verwirrend. Kein Wunder, nachdem die Ansprüche und demnach die Lösungsmöglichkeiten so unterschiedlich sein können.
Deswegen gehen wir systematisch vor und teilen das Angebot in Gruppen ein. So bekommen wir einen Überblick.

Hauptsächliche Kriterien sind dabei zunächst:

1. das Heizmedium – Luftheizungen ohne Gebläse

   Luftheizungen mit Gebläse

   Wasserheizungen

2. der Brennstoff – Dieselkraftstoff
   Petroleum
   Flüssiggas

Eigenschaften von Luft- und Wasserheizungen sind auf Seite 13 aufgelistet.
Nun sieht manches schon einfacher aus, und wir können uns entscheiden.

- Bis zu einem ermittelten Wärmebedarf von etwa 4000 Watt kommen nur „Luftheizungen" infrage. – Erst ab etwa 4000 Watt werden „Wasserheizungen" interessant.

Es sollte dann bei der Wasserheizung

- ein wassergekühlter Bootsmotor vorhanden sein, an dessen Wasserkreislauf das Heizgerät angeschlossen werden kann, um dessen Abwärme zum Heizen zu nutzen und umgekehrt den kalten Motor vor dem Start vorwärmen zu können;
- bei großen Booten die Heizanlage bereits in der Werft mit eingeplant werden;
- Platz für Heizkörper im Boot vorhanden sein;
- die Möglichkeit der Brauchwassererwärmung genutzt werden;
- einer der Heizkörper ein Gebläseheizkörper sein, der Frischluft von außen ansaugt, um den Trockeneffekt der Frischluft zu nutzen.

Sind diese Voraussetzungen nicht gegeben, empfiehlt sich die Luftheizung. Für einfache Ansprüche genügen Öfen ohne Gebläse. Sollen mehrere Räume beheizt und eine wirksame Raumlufttrocknung erreicht werden, sind Gebläseheizungen richtig. Bei diesen ist eine ausreichende Regelung des Wärmestromes bei schonender Batteriebelastung wichtig.

Einteilung nach dem Heizmedium

Wasserheizungen · Luftheizungen mit Gebläse · Luftheizungen ohne Gebläse (Öfen)

Wasserheizungen	Luftheizungen mit Gebläse	Luftheizungen ohne Gebläse (Öfen)
Heizgerät unter 4000 W als Wasserheizung zu klein	Kleinere Heizungen als 4000 Watt müssen Luftheizungen sein (darüber sind sie natürlich auch möglich)	
Wirksame Beheizung mehrerer Räume gut möglich		Wirksame Heizung mehrerer Räume nicht möglich
Mit vorhandenem Kühlwasserkreislauf kombinierbar. Dann kann Motorabwärme auch zum Heizen verwendet werden.	Keine Nutzung der Motorabwärme möglich	Keine Nutzung der Motorabwärme möglich
Brauchwassererwärmung sehr gut möglich	Brauchwassererwärmung bedingt möglich	Brauchwassererwärmung bedingt möglich
∅ der Wasserleitungen gering ∅ 15 bis 30 mm	∅ der Luftleitungen groß ∅ 50 bis 100 mm bei sehr großer Heizleistung ∅ 150 mm	Keine Luftleitungen
Aufheizung langsam, Regelung sehr feinstufig	Aufheizung schnell, Regelung nicht ganz so feinstufig, je nach Gerätetyp	Aufheizung im Aufstellungsraum schnell, Regelung gut möglich
Geräuschpegel klein	Geräuschpegel größer, Schalldämpfer erforderlich	Kein Gebläsegeräusch
Frischluftbetrieb nur bedingt möglich; dadurch Trocknung der Raumluft schwieriger als bei Luftheizungen	Trocknung der Raumluft durch Frischluft oder Frisch-/Umluft problemlos	Trocknungseffekt der Raumluft gering
Stromverbrauch in der Regel geringer als bei Luftheizungen mit Gebläse gleicher Leistung	Stromverbrauch abhängig von Regelcharakteristik. Ein-Aus-Regelung vermeiden, Groß-Klein-Regelung besser	Kein Stromverbrauch
Nachrüstung möglich, Werfteinbau optimaler	Nachrüstung leichter möglich	Nachrüstung sehr leicht möglich

Einteilung nach dem Brennstoff

Es gibt Heizungen

für Flüssigbrennstoff:	Dieselkraftstoff, Benzin, Heizöl, Petroleum (mit separatem Tank)
für Flüssiggas:	Butan, Propan

Das Hauptkriterium, nach dem man auswählt, ist zunächst der Brennstoff, der an Bord schon vorhanden ist. Hat das Boot einen Dieselmotor, wird man eine Dieselheizung vorsehen und den Brennstoff aus dem ohnehin vorhandenen Tank entnehmen.
Bei kleinen Booten ohne Innenbordmotor, die eine Gasanlage für den Kocher an Bord haben, könnte man eine Gasheizung erwägen.
Allerdings wird meist der Gasvorrat für beides nicht ausreichen. Für eine Stunde Heizen benötigt man ungefähr 0,2 kg Gas; damit könnten wir ein bis zwei Tage kochen. Man müßte also zusätzlichen Gasvorrat an Bord nehmen.
Betrachten wir nochmals die Sicherheit. Flüssiggas zündet leicht und verbrennt sauber. Aber es hat die unangenehme und bei Booten gefährliche Eigenschaft, da es schwerer als Luft ist, nach unten zu sinken und sich deswegen, wenn es einmal eingedrungen ist, in der Bilge zu sammeln. Dort bildet es bereits bei einem Anteil von etwa 2 % in der Luft ein zündfähiges Gemisch, und die kleinste Zündquelle kann eine Explosion verursachen. Eine Gasheizung, einschließlich der Flaschenaufstellung und Leitungen, muß deswegen besonders sorgfältig installiert, gewartet und bedient werden.
Eine Alternative für Wärmestrom bis ca. 3 kW sind Petroleumheizungen. Sie erfordern allerdings auch einen zusätzlichen Brennstoffbehälter, den man mit Petroleum extra betanken muß.

Weitere Gesichtspunkte bei der Auswahl der Heizung

1. **Der Stromverbrauch:**
   Gebläse für die Verbrennungsluft, wirksames Heizluftgebläse oder Wasserumwälzpumpe bei Wasserheizungen brauchen Energie. Hier muß man mit 20 bis 50 Watt Leistungsaufnahme bei Heizungen bis 5000 Watt Wärmestrom rechnen. Das entspricht bei 12 V Bordspannung einem Stromverbrauch von 1,7 bis 4 Ampère. Eine Zweit-Batterie ist deswegen neben der Starter-Batterie unbedingt empfehlenswert.

2. **Regelbarkeit des Wärmestromes:**
   Hier bieten Wasserheizungen den größten Komfort, da mit den Thermostatventilen der Heizkörper wie bei der Zentralheizung zu Hause stufenlos die gewünschte Wärme eingestellt werden kann.
   Ähnlich stufenlos sind die kleinen Ölöfchen ohne Brennergebläse zu regeln. Auch das ist vom Ölofen für Wohnräume bekannt.
   Bei Warmluft-Gebläseheizungen gilt es aufzupassen. Wenn zur Regelung die Heizung über Thermostat „Ein-Aus“ geschaltet wird, ist das bei Gasheizungen nicht problematisch. Gas ist zündwillig, und deswegen braucht man zum Wiederanzünden nach der „Aus-Phase“ nur wenig Energie. Dieselkraftstoff und Petroleum lassen sich nicht so leicht entzünden. Solche Heizungen brauchen, wenn sie „Ein-Aus“ regeln, viel Strom. Das wäre im Hafen am Landanschluß zwar kein Problem. Im Batteriebetrieb sollten Diesel- und Petroleumheizungen dagegen zwischen „Klein“-, gegebenenfalls „Mittel“- und „Groß“-Stellung regeln können, um den Stromverbrauch in Grenzen zu halten.

3. **Luftdurchsatz bei Luftheizungen:**
   Die Luftmenge, die das Gebläse der Heizung gegen den Widerstand der Luftleitungen und Ein-/Ausströmer fördern kann, ist der nächste wichtige Punkt. Je länger die Leitungen und je kleiner ihr Querschnitt sind, um so größer ist dieser Widerstand. Nun würde es aber nichts

nützen, wenn die Heizung die Wärme nicht an die Stellen transportieren könnte, wo sie gebraucht wird. Entsprechend stark muß das Gebläse sein, und das bedingt dann wieder höheren Stromverbrauch. Mit einfachen Verfahren kann man den Geräten in diesem Punkt auf den Zahn fühlen. Die Zeitschrift „Yacht" hat solche Tests mit maßgeblichen Fabrikaten durchgeführt.
Wir sollten also beim Vergleich verschiedener Fabrikate bei unterschiedlichem Stromverbrauch nicht vergessen, uns über die Gebläseleistung zu informieren.

4. **Geräusch:**
   Warmluftheizungen mit Gebläse sind naturgemäß nicht ganz so leise wie Wasser- oder Ofenheizungen. Durch den geschickten Einbau der Heizung außerhalb der Kajüte und mit Schalldämpfern an Verbrennungsluft-, Abgas-, Frisch- und Warmluftleitungen kann man aber auch deren Gebläsegeräusch wirksam reduzieren.

Moderne Luft- und Wasserheizungen

Zum Schluß unserer generellen Betrachtungen, bevor wir uns im einzelnen mit Fragen wie Wärmebedarf, Einbauplatz, Luftführung, Wasserkreislauf, Verbrennungsluft- und Abgasleitung, Brennstoffversorgung usw. befassen, soll an ein paar Beispielen gezeigt werden, wie moderne Bootsheizungen ausgeführt sind.

Beispiel einer einfachen Dieselofenheizung

Heizungen dieser Art sind die einfachste Methode überhaupt, sichere Wärme an Bord zu erzeugen. Das Dieselöl läuft vom Tank durch den Regulator in den Schalenbrenner auf dessen Boden es einen dünnen Film bildet und gleichmäßig verbrennt. Der Ofen verträgt Rollbewegungen, jedoch keine ständige Krängung, bei der das Öl auf eine Seite läuft. Der Tank wird mindestens 20 cm über dem Regulator eingebaut.

Das Abgas wird durch das Abgasrohr und den Kamin nach außen durch das Deck/Dach des Steuerstandes geleitet.
Anzünden und Regeln wie beim Ölofen für Wohnräume zu Hause.
Wichtig: Die Belüftung des Aufstellraumes.

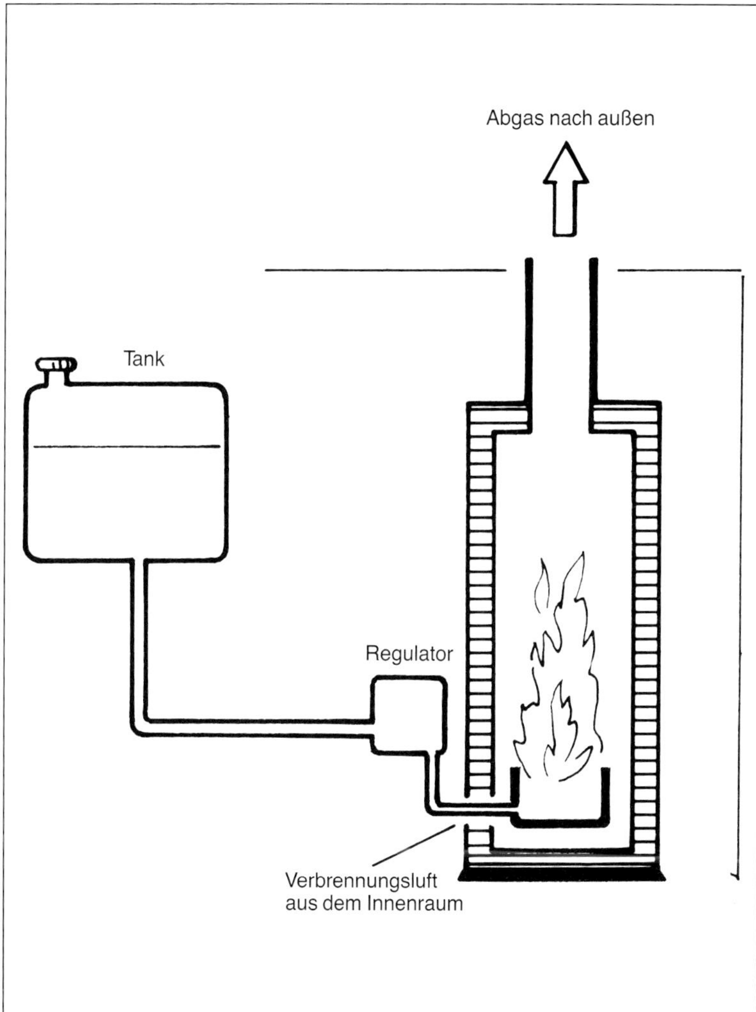
Abgas nach außen
Tank
Regulator
Verbrennungsluft
aus dem Innenraum

Beispiele vollautomatischer Gebläseheizungen

Brennstoffe	Dieselkraftstoff Petroleum Flüssiggas
und Heizmedium	Luft oder Wasser.

Je nach Konzeption und Größe sind diese Heizungen entweder für Kajüteinbau oder Einbau außerhalb der Kajüte in einen Stauraum oder den Motorraum vorgesehen. Bei Montage innerhalb der Kajüte erübrigen sich zwar Heizluftleitungen, das Gerät beansprucht jedoch Platz im Innenraum.

Petroleumheizung für den Einbau in der Kajüte

Beim Einbau außerhalb der Kajüte wird die Wärme durch entsprechende Luft- oder Wasserleitungen an jeden gewünschten Ort des Bootes transportiert. Das ist die komfortabelste Möglichkeit des Heizens an Bord. Das Funktions-Prinzip sei beschrieben an einer Luftheizung für Dieselkraftstoff.

Luftheizgerät für Dieselkraftstoff
3200/1600 Watt Wärmestrom

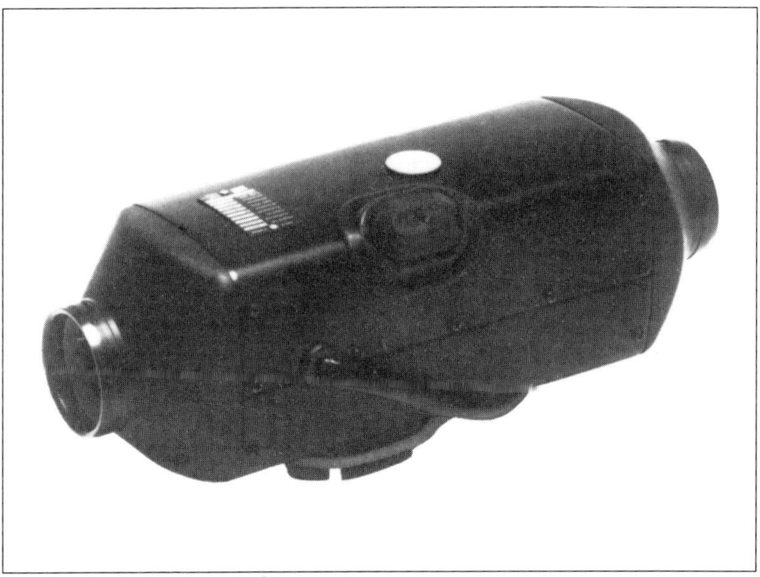

Ein Gebläse saugt Verbrennungsluft durch die Verbrennungsluftleitung von außen an und fördert sie in die Brennkammer. Hier wird sie mit Brennstoff, der von der Dosiereinrichtung (hier Dosierpumpe) in genau dosierter Menge gefördert wird, gemischt und durch die Zündeinrichtung (hier Glühkerze) entzündet. Nach kurzer Zeit bildet sich eine stabile Flamme aus, die im Wärmetauscher brennt und Wärme durch die Wandungen des Wärmetauschers an das außen vorbeiströmende Heizmedium Luft abgibt. Das wie bei jeder Verbrennung entstehende Abgas wird durch die zum Innenraum dichte Abgasleitung ins Freie abgeführt.
Die Heizluft sowie der Innenraum sind somit hermetisch getrennt von den Verbrennungsprodukten (Abgas). Die Heizluft gelangt durch die Heizluftleitungen in die zu beheizenden Räume.
Gefördert wird sie durch ein im Heizgerät angeordnetes zweites Gebläserad.
Ist die gewünschte Raumtemperatur erreicht, kann am Drehschalter auf kleine Leistung zurückgeschaltet werden bzw. übernimmt ein Raumthermostat diese Funktion automatisch.
Und die **Sicherheit?**
Jeder weiß, daß bei keinem technischen Gerät garantiert werden kann, daß es immer und überall störungsfrei funktioniert. Aber gefährliche Zustände sollten bei Störungen natürlich nicht auftreten.
Im vorgestellten Gerät sind Sicherheitseinrichtungen eingebaut, die die Anlage bei Nichtzünden, Ausgehen der Flamme während des Betriebes und Überhitzung automatisch abschalten. Alles in allem eine sehr sichere Anlage.

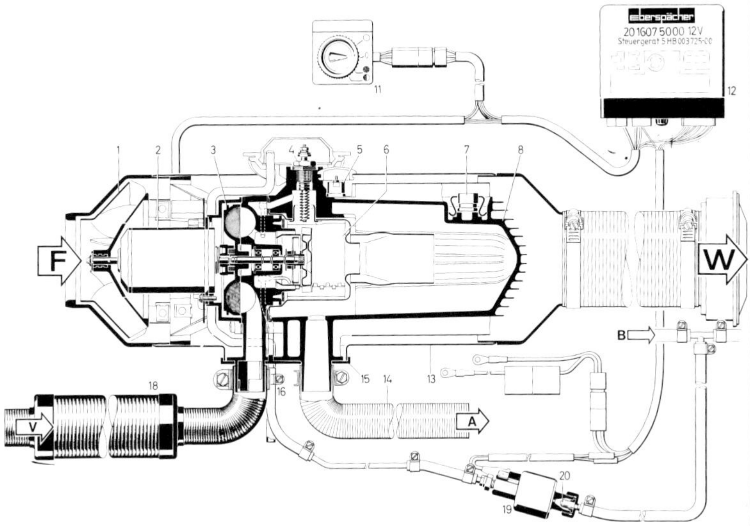

Foto und Schnittzeichnung Eberspächer

1 Frischluftgebläserad
2 Elektromotor
3 Verbrennungsluftgebläserad
4 Glühkerze
5 Überhitzungsschalter
6 Brennkammer
7 Thermoschalter
8 Wärmetauscher
11 Universalschalter
12 Steuergerät
13 Außenschale
14 Abgasrohr
15 Anschlußflansch
16 Brennstoffanschluß
18 Verbrennungsluftschalldämpfer
19 Brennstoffdosierpumpe
20 Topfsieb eingebaut in Brennstoffdosierpumpe

F = Frischluft
W = Warmluft
V = Verbrennungsluft von außen
A = Abgas
B = Brennstoff

Den Einbau eines Heizgerätes zeigt das nächste Bild im Modell.

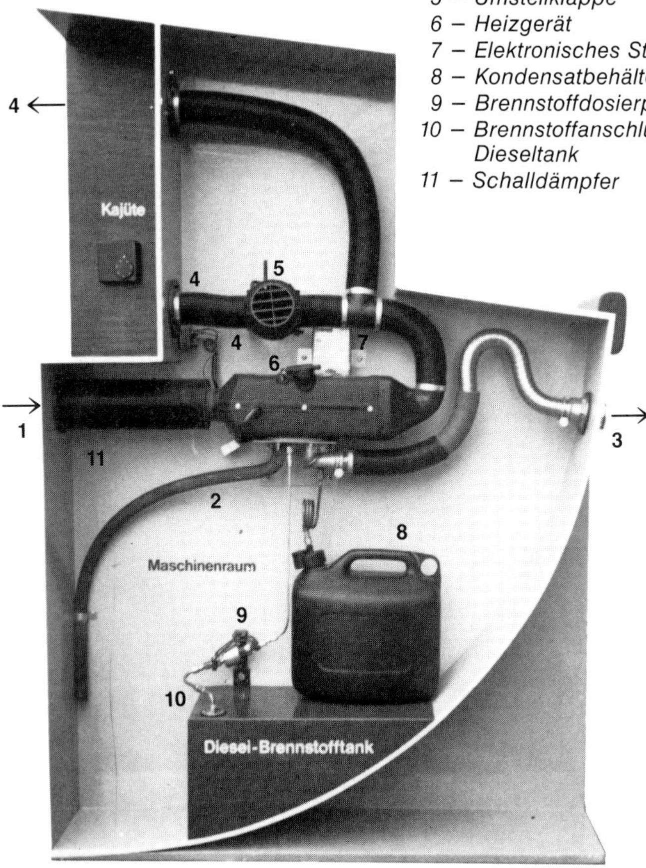

1 – Frischluftansaugung
2 – Verbrennungsluftansaugung
3 – Abgasabführung
4 – Heizluftausströmer
5 – Umstellklappe
6 – Heizgerät
7 – Elektronisches Steuergerät
8 – Kondensatbehälter
9 – Brennstoffdosierpumpe
10 – Brennstoffanschluß am Dieseltank
11 – Schalldämpfer

Die Anordnung der Teile ist nur beispielhaft gezeigt. Sie kann leicht den örtlichen Gegebenheiten und individuellen Wünschen angepaßt werden. Möglich wäre z. B. auch die Anordnung der Umstellklappe in der Ansaugleitung zum Umschalten von Frisch- auf Umluft bzw. Mischluft, des Schalldämpfers in der Warmluftleitung usw.

Wasserheizung für Dieselkraftstoff 7000/1750 Watt Wärmestrom

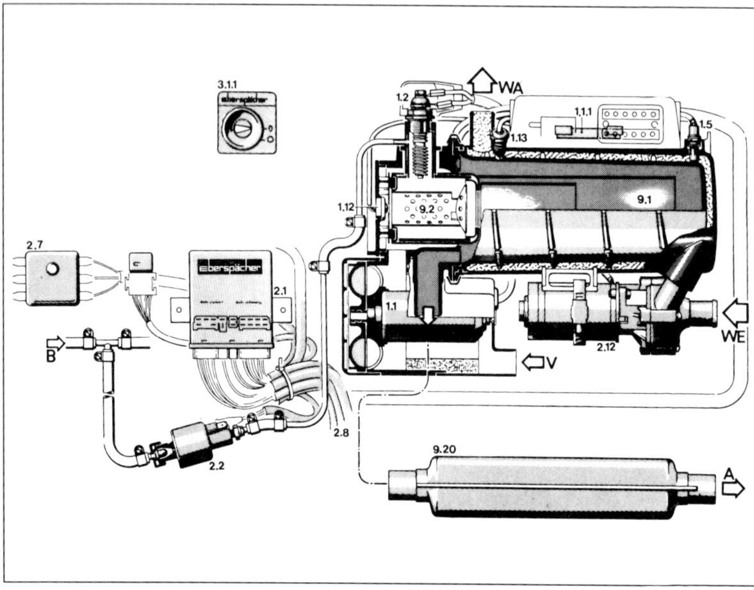

1.1	Brennermotor	2.2	Brennstoffdosierpumpe
1.1.1	Vorschaltwiderstand für Teillast	2.7	Sicherungsdose
1.2	Glühkerze	2.8	Kabelbaum
1.5	Überhitzungsschalter	2.12	Wasserpumpe
1.12	Flammfühler		
1.13	Temperaturfühler	WE	= Wassereintritt
3.1.1	Einschalter	WA	= Wasseraustritt
9.1	Wärmetauscher	V	= Verbrennungsluft
9.2	Brennkammer	B	= Brennstoff
9.20	Schalldämpfer für Abgas	A	= Abgas
2.1	Steuergerät		

Gestartet wird die Heizung mit einem Drehschalter. Alles weitere läuft automatisch ab.

Das Funktionsprinzip ist praktisch das gleiche wie bei der Luftheizung. Nur bildet hier Wasser das Heizmedium. Anstelle des Heizluftgebläserades übernimmt eine Wasserpumpe die Förderung des Heizmediums, das im Wärmetauscher erwärmt und durch die Wasserleitungen zu den Heizkörpern in den Kabinen transportiert wird.
Auch hier finden wir die gleichen Sicherheitseinrichtungen gegen Nichtzünden, Ausgehen der Flamme während des Betriebes und Überhitzung. Der Wärmestrom kann zwischen voller und 1/4 Leistung, je nach Wärmebedarf der Heizkörper, geregelt werden.

Luftheizgerät für Flüssiggas 3700/1850 Watt Wärmestrom

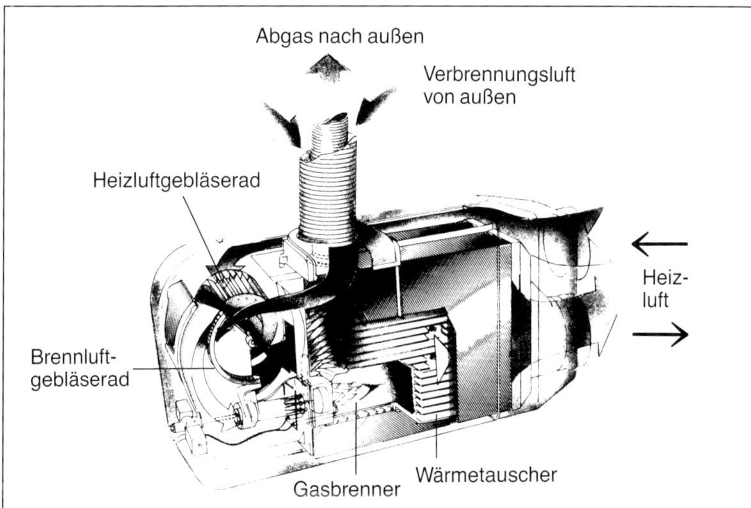

Das Gerät besitzt einen Brenner für Flüssiggas, einen Wärmetauscher aus Leichtmetall, das Heizluftgebläse zur Förderung der Heizluft und die üblichen Sicherheitseinrichtungen. Abgas- und Verbrennungsluft werden in konzentrischen Leitungen nach außen ab- bzw. von außen zugeführt. Das Gerät kann mit vollem bzw. halbem Wärmestrom betrieben werden. Thermostatregelung ist möglich.

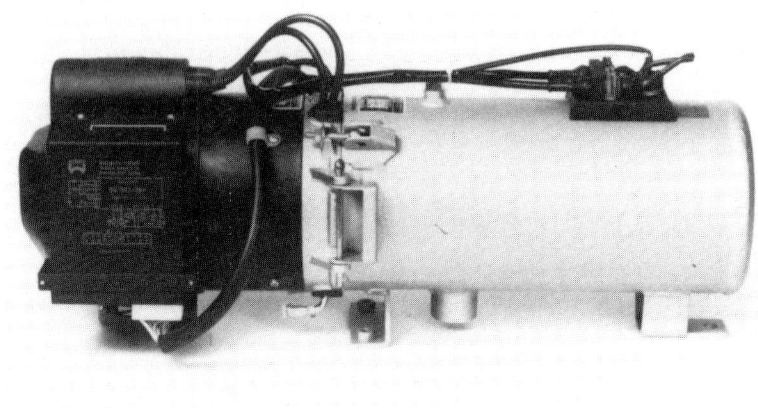

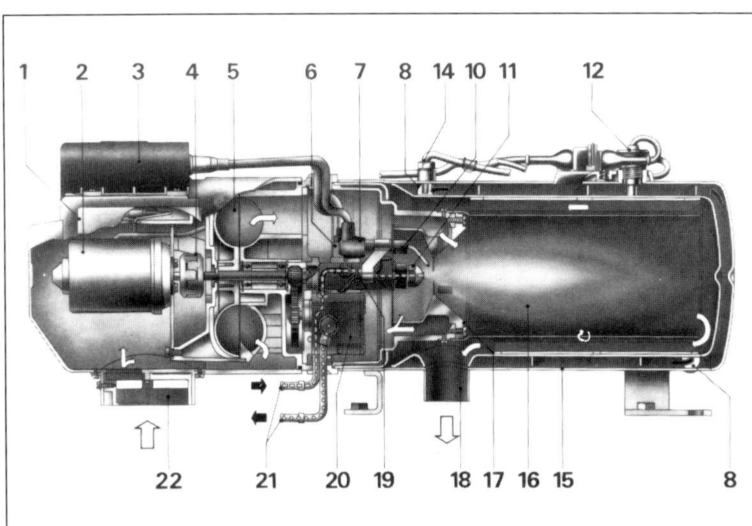
1
2
3
4
5
6
7
8
14
10
11
12
22
21
20
19
18
17
16
15
8

Wasserheizgerät für Dieselkraftstoff 11600 Watt Wärmestrom

Dies ist ein Wasserheizgerät für große Motoryachten. Man erkennt wiederum die schon bekannten Baugruppen Wärmetauscher, Brennluftgebläse, Brennstofförder- und Dosiereinrichtung, Temperaturregelelement und Temperatursicherung als Überhitzungsschutz. Die Wasserpumpe wird hier separat im Boot montiert.

1 Steuergerät
2 Motor
3 Zündfunkengeber
4 Kupplung
5 Brennluftgebläse
6 Magnetventil
7 Kerzenstecker
8 Wasserstutzen
10 Zündelektroden
11 Zerstäuberdüse
12 Temperatursicherung
14 Temperaturfühler (Sensor)
15 Wärmeübertrager
16 Brennkammer
17 Drallkörper
18 Abgas-Austritt
19 Flammwächter
20 Brennstoffpumpe
21 Brennstoffleitungen
22 Brennluft-Eintritt mit Regulierung

Kombination von Heizen und Kochen

Die Idee, die Kocheinrichtung auch zum Heizen zu benutzen, ist uns ja schon begegnet. Siehe Blumentopf auf der Gasflamme.
Finger weg! Das hatten wir deutlich gesagt.
Allerdings, die Idee an sich fasziniert natürlich. Nur sicher müßte die Sache sein. Tatsächlich gibt es sie, die sicheren Koch-Heiz-Kombinationen. Basis ist ein Petroleum- oder Dieselkocher mit 2 Kochplatten. Erhitzt werden sie durch eine abgeschlossene Flamme. Verbrennungsluft kommt aus der Kajüte, Abgas wird in geschlossener Leitung nach außen abgeführt. Eine wichtige Sicherheitsregel ist erfüllt. Gibt es eine wirksame Kajütbelüftung, bestehen auch keine Vorbehalte gegen die Entnahme der Verbrennungsluft aus dem Innenraum. Voraussetzung: Die Belüftung muß während des Betriebes des Gerätes auch wirlich offen sein.
Und nun kommt der Trick: Im Deckel des Kochers ist ein Gebläse eingebaut. Während des Kochens ist er hochgeklappt. Solange kann man nicht

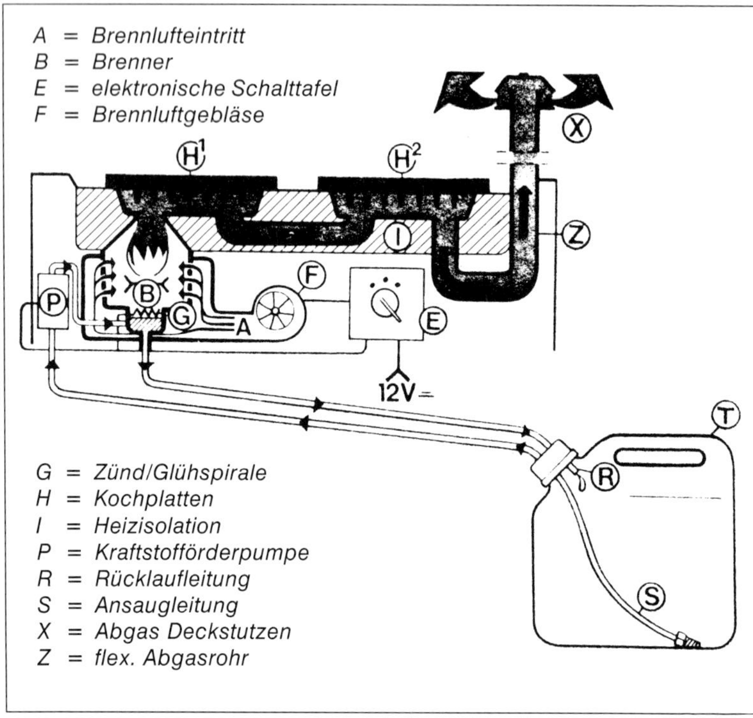

Funktionsprinzip des Heizkochers

Der Startvorgang beginnt, wenn der Schalter auf der elektronischen Kontrolltafel (E) eingeschaltet wird.

Die Kraftstofförderpumpe (P) beginnt, Petroleum vom Tank (T) zum Brenner (B) zu pumpen. Das Brennluftgebläse (F) versorgt den Brenner mit Luft. Die Glühspirale (G) glüht 2 Minuten lang und zündet dadurch die Flamme im Brenner (B).

Die heißen Verbrennungsgase werden durch die Kochplatten (H1 und H2) geleitet, danach gelangen sie über ein flexibles Abgasrohr durch den Deckstutzen ins Freie.

Ein Überhitzungsschalter unterbricht die Brennstofförderung im Falle der Überhitzung.

heizen. Sind wir jedoch mit dem Kochen fertig, klappen wir den Deckel herunter, und nun fördert das Gebläse die Innenluft über die Kochplatten, wo sie aufgeheizt wird. Für kleine Boote eine Alternative.

Wärmebedarf – Größe der Heizung

Zunächst: Was ist Wärmestrom, mit dem von den Anbietern operiert wird? Mit Wärmestrom (früher Heizleistung) bezeichnet man das, was die Heizung an Wärmemenge liefern kann. Der Wärmestrom wird in Watt gemessen und ist einer der Kenndaten, die die Hersteller in ihren Prospekt- bzw. Angebotsunterlagen angeben. Man braucht nur noch den Wärmebedarf seines Bootes zu ermitteln und schon kann man die passende Heizung auswählen. Nur noch? Bei der Ermittlung des Wärmebedarfes lassen sich nämlich die aufwendigsten Berechnungen anstellen. Die Größe der Räume, das Material der Wände, Außen-Innen-Glasflächen sind in die Berechnung einzubeziehen, das Revier und die Länge der Saison ist zu berücksichtigen.

Für sehr große Yachten, die manchmal mit mehreren Heizgeräten ausgerüstet werden, lohnt sich das sicher. Das überläßt man jedoch im Einzelfall den Experten. In den meisten Fällen geht's tatsächlich viel einfacher. Kriterium ist die Bootslänge.

Da das Angebot an Heizgeräten hinsichtlich ihrer Leistung nicht unbegrenzt fein abgestuft werden kann, ist die Auswahlmöglichkeit ohnehin begrenzt. Man müßte sich im Grenzfall sowieso für das größere Gerät entscheiden und darauf achten, daß es eine wirksame Regelung des Wärmestromes erlaubt.

Deswegen mögen die folgenden 3 Beispiele ausreichende Anhaltspunkte geben, um sich den Bedarf für sein eigenes Boot auszurechnen:

1. Segel-/Motorboot bis etwa 8 m Länge
   Luftheizgerät 1800 Watt
2. Segel-/Motoryacht über 8 m bis 11 m Länge
   Heizgerät Luft oder Wasser 3000 bis 5000 Watt
3. Segel-/Motoryacht 11 m bis 14 m Länge
   Heizgerät Luft oder Wasser 7000 Watt oder 2 × 3000 Watt

Oftmals wird es günstiger sein, mehrere kleinere Heizungen statt einer größeren zu installieren, um den erforderlichen Wärmebedarf abzudekken. So wären beispielsweise Kombinationen von
2 × Luftheizung 7000 Watt oder
2 × Wasserheizung 7000 Watt oder
1 × Luftheizung 7000 Watt + 1 Wasserheizung 7000 Watt
möglich, wenn ein Gesamtwärmebedarf von 14000 Watt auf einer sehr großen Yacht abzudecken wäre.

Einbau der Heizanlage

Beispiele und Tips aus der Praxis

Natürlich gehört zu jedem Heizgerät eine Einbauanweisung, in der der Hersteller spezielle Einbauhinweise gibt. Einige allgemeine Hinweise sind jedoch in jedem Fall zu beachten. Beginnen wir mit dem Einbauplatz und der Warmluftführung bei Luftheizungen.
Je nach Konstruktionsprinzip kommen in Frage:
1. die Kajüte,
2. die Backskiste,
3. sonstige Stauräume,
4. der Maschinenraum.

Ofenheizungen sollten nach Möglichkeit an der kältesten Stelle der Kajüte plaziert werden, beispielsweise beim Niedergang. Auf jeden Fall empfiehlt es sich, unter dem Ofen eine Auffangwanne vorzusehen, in der

sich eventuell auslaufendes Öl sammeln kann. Bei Berufsschiffen ist die Wanne Vorschrift.
Andere Konstruktionen sind für die Befestigung an einer Wand vorgesehen (Schottmontage).

Heizungen mit Gebläse für den Kajüteinbau

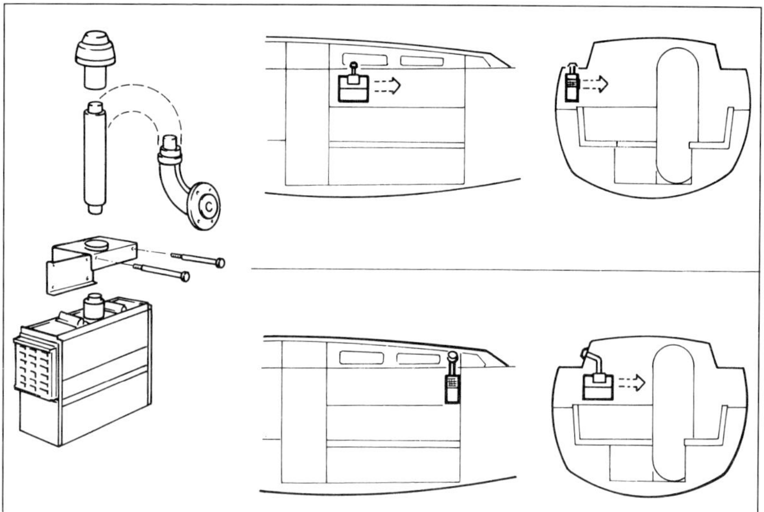

Da keine Luftleitungen erforderlich sind, einfacher Einbau hängend an der Dachdurchführung des Abgasstutzens oder am Schott.

Jeder Einbau in der Kajüte nimmt Platz weg. Außerdem tritt die Warmluft bei diesen Anlagen ziemlich weit oben im zu beheizenden Raum aus. Unten wäre günstiger. Das führt zu den Heizungen, die außerhalb der Kabinen eingebaut werden können und die Wärme durch flexible Luftleitungen zu den drinnen angeordneten Ausströmern fördern.

Luftgebläseheizungen mit Luftleitungen

Mögliche Einbauräume sind: Backskiste, sonstige Stauräume, Maschinenraum.

Für die Luftführung gibt es drei Möglichkeiten:

1. Frischluftbetrieb: Die Heizluft wird von außen angesaugt.
2. Umluftbetrieb: Die Heizluft wird aus den zu beheizenden Räumen entnommen.

Luftgebläseheizung (Diesel) in einer 8-m-Segelyacht, Einbauplatz: Backskiste

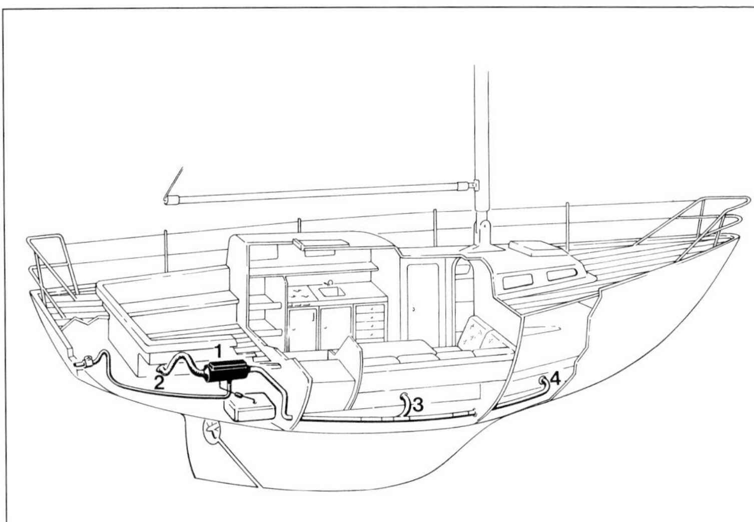

Die Heizluft wird von außen (2) angesaugt (Frischluftbetrieb), mit dem Heizgerät (1) aufgeheizt und auf Kajüte und Koje im Vorschiff verteilt.
Durch die Ausströmer (3 u. 4), von denen der in der Koje im Vorschiff (4) verschließbar ist, tritt die Heizluft aus.

3. Mischluftbetrieb: Die Heizluft wird zum Teil von außen, zum Teil aus den zu beheizenden Räumen entnommen. Das Verhältnis Frischluft/Umluft kann mit einer Umstellklappe in der Ansaugleitung eingestellt werden.

Vorteilhaft ist der Frischluftbetrieb, weil dabei die Raumluft ständig erneuert und gleichzeitig Feuchtigkeit abgeführt wird. Eine wirksame Abluftführung (Permanentlüftung, geöffnete Luke usw.) muß in diesem Fall für einwandfreie Zirkulation vorhanden sein. Im Sommer kann mit diesem System die Kajüte belüftet werden.

Vorteil der Umluftheizung: Schnellere Wirkung, aber die Raumtrocknung ist nicht so gut wie bei Frischluftbetrieb.

Ideal, wenn möglich, ist die kombinierte Mischluftansaugung.

Beim Einbau ist unbedingt das notwendige Verhältnis vom Durchmesser der Heizluftleitungen zu deren Länge einzuhalten. Zu kleine Durchmesser bzw. zu lange Leitungen führen zur Überhitzung der Anlage und zu ihrer automatischen Abschaltung. Desgleichen darf nur ein Ausströmer verschließbar sein und der andere den erforderlichen Mindestquerschnitt nicht unterschreiten.

Ferner muß darauf geachtet werden, daß die Gebläseleistung ausreicht, die benötigte Luftmenge gegen den Widerstand der Leitungen zu fördern. Andernfalls würde das Heizgerät überhitzen und der automatische Überhitzungsschutz ebenfalls abschalten.

Die Hersteller geben Auskunft über Mindestdurchmesser und maximale Länge der Heizluftleitungen.

Luftheizgerät 7000 Watt in einer Motoryacht

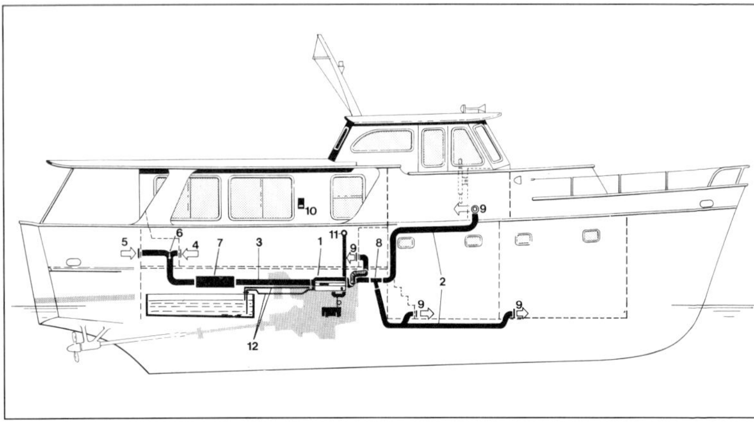

Einbau im Maschinenraum.
Die Heizluft wird entweder als Frischluft oder Umluft angesaugt, die Umstellklappe (6) gestattet auch Mischluft. Beheizt werden Salon, Steuerstand und zwei Schlafräume. Um zu vermeiden, daß Geräusche aus dem Maschinenraum durch die Luftleitungen in die Wohnräume übertragen werden, sind in die Luftleitungen Schalldämpfer eingebaut. Bei Einbauten im Maschinenraum sehr wichtig.
Wo sich die Warmluftleitung mehrfach verzweigt wie hier, muß die Gesamtaustrittsfläche mindestens 150 % des Austrittsquerschnittes am Heizgerät haben.

1 – Heizgerät
2 – Warmluftleitungen
3 – Frischluft-/Umluftleitung
4 – Umlufteintritt
5 – Frischlufteintritt
6 – Umstellklappe Frischluft/Umluft
7 – Schalldämpfer
8 – Abzweigstück für Warmluft
9 – Ausströmer für Warmluft
10 – Thermostat
11 – Abgasrohr
12 – Brennstoffleitung

7000-Watt-Anlage im Maschinenraum einer Motoryacht

1 – Heizgerät
2 – Frischluftleitung mit Schalldämpfer
3 – Warmluftleitung mit Schalldämpfer
4 – Abgasleitung

Brauchwassererwärmung mit der Luftheizung

In unserer Übersicht über die Besonderheiten bei Luft- und Wasserheizungen hatten wir gesagt, daß Brauchwassererwärmung bei Luftheizungen bedingt möglich sei. Sie bietet sich dann an, wenn ein zweikreisgekühlter Bootsmotor vorhanden ist. Dann kann man die Abwärme des Motors zur Brauchwassererwärmung im Boiler benutzen. Wenn aber die Maschine nicht läuft oder zu wenig Wärme abgeben kann? Auch dann braucht man nicht auf warmes Wasser zu verzichten. Der Boiler muß nur darauf eingerichtet sein, die Warmluft der Luftheizung zur Erwärmung des Wassers zu nutzen.
Wie eine solche Einrichtung aussehen kann, zeigt die folgende Abbildung.

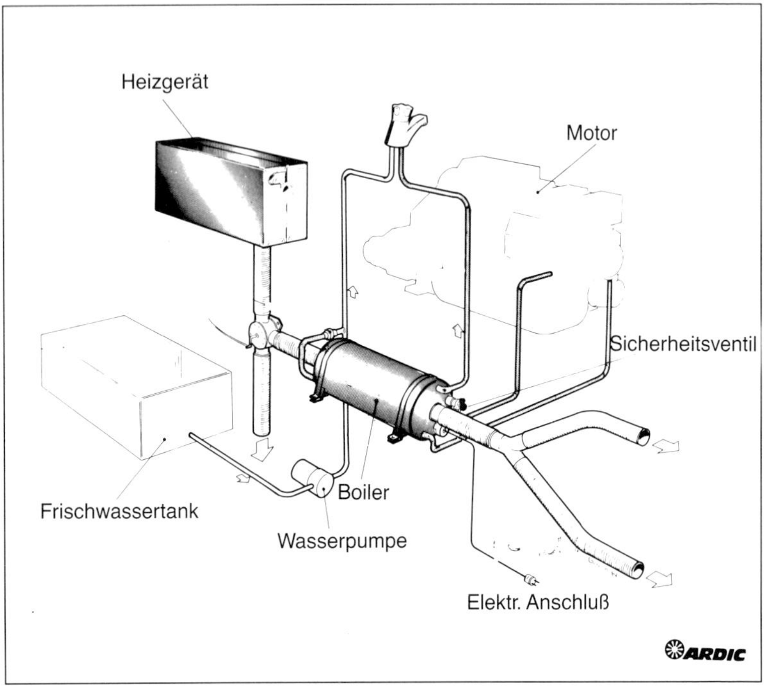

Heißwasser per Heißluft. Der Boiler ist für Wasserbeheizung durch den Motor, Beheizung durch die Luftheizung und elektrische Beheizung vom Landanschluß eingerichtet.

Einbauplatz, Wasserführung, Heizkörper und Brauchwassererwärmung bei Wasserheizungen

Wiederholen wir kurz die Besonderheiten der Wasserheizung.
Vorteile: Gleichmäßige Wärmeabgabe, Regelung stufenlos, Geräuschpegel klein. Mit vorhandenem Wasserkreislauf kombinierbar. Dann kann Motorabwärme auch zum Heizen verwendet und umgekehrt der Motor vorgewärmt werden. Brauchwassererwärmung möglich. Wärmetransport durch Rohre mit wesentlich geringerem Durchmesser als bei Luft. Komfort wie bei Zentralheizung.
Dem stehen gegenüber: Platzbedarf für Heizkörper in der Kabine. Aufheizung langsam. Trockeneffekt der Raumluft gering. Deswegen zusätzliche Gebläseheizkörper im Frischluftbetrieb erforderlich.
Der Einbauplatz von Wasserheizgeräten wird meistens der Maschinenraum sein. Hier befindet sich auch der Brauchwassererhitzer (Boiler). Außerdem können erforderliche Sicherheitseinrichtungen (Druckausdehnungsgefäß, Sicherheitsventil, Manometer, Schwimmerentlüfter, Ablaß-/Befüllhahn) hier untergebracht werden.
Für die Auslegung und Installation von Wasserheizanlagen braucht man viel Fachwissen.
Ein paar Stichworte: Ein- oder Zweistrang-Anlage? Welche Heizkörper und wo diese plazieren? Abstimmung der Rohrleitungsdurchmesser mit der Leistung der Heizkörper, Dimensionierung der Wasserpumpe . . .
Da auch der Antriebsmotor mit in den Wasserkreislauf einbezogen wird, müssen Kühlwasser- und Heizungsthermostat aufeinander abgestimmt werden und einiges mehr. Wirklich nur etwas für die Fachleute.
Immerhin, einen Überblick, wie die Sache funktioniert, sollte man sich schon verschaffen, um kompetenter Gesprächspartner zu sein. Deshalb hier eine Prinzipskizze.

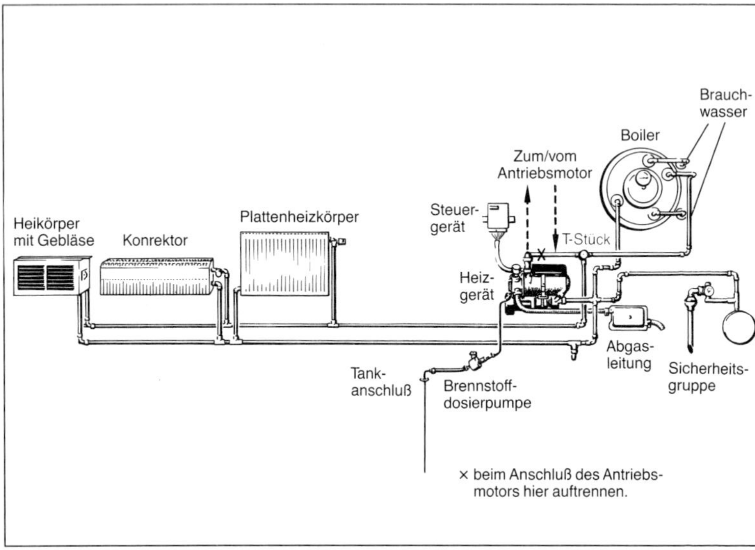

Die Wasserheizung. Das warme Wasser strömt vom Heizgerät zum T-Stück. Dieses leitet es zum Boiler und zu den Heizkörpern. In der Rücklaufleitung wird es gesammelt und fließt zum Heizgerät zurück.
Kraftstoffversorgung, elektrisches Steuergerät und Sicherheitsgruppe vervollständigen die Anlage.
Ein Mischhahn in der Brauchwasserleitung gestattet die Zumischung kalten Wassers je nach Wunsch.
Mit gestrichelten Pfeilen angedeutet ist der Anschluß zum Motor, der in den Heizkreislauf mit einbezogen werden kann.

Das folgende Schema zeigt eine derartige Anlage in einer Motoryacht mit Zweikreiskühlung. Sie ermöglicht, den Motor in den Heizungskreislauf einzubeziehen, die Motorabwärme zum Heizen zu nutzen und mit der Heizung den Motor vorzuwärmen. Mit einer direkten oder Einkreiskühlung, bei der das Seewasser die Kühlkanäle des Motors direkt durchströmt, geht das nicht.

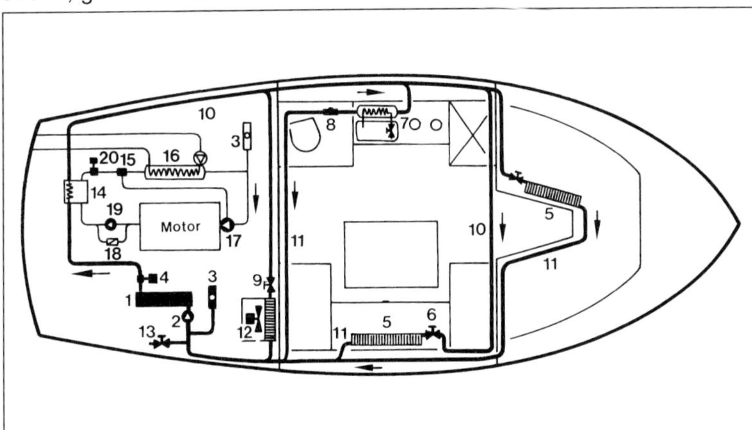

Wasserheizanlage in einer Motoryacht. Sie ist als Zweistranganlage ausgeführt, d. h. Vorlaufleitung (10) und Rücklaufleitung (11) sind getrennt.

1 Heizgerät
2 Umwälzpumpe des Heizgerätes
3 Ausdehnungsgefäß
4 Regelthermostat und Temperaturbegrenzer
5 Heizkörper
6 Regelventil
7 Brauchwasser-Erwärmung
8 Durchflußregler
9 Regelhahn oder Regelschieber
10 Vorlaufleitung
11 Rücklaufleitung
12 Gebläseheizkörper (z. B. für Steuerstand)
13 Füll- und Entleerungshahn
14 Wärmeübertrager
15 Kühlwasserthermostat des Motors
16 Motorkühler mit Pumpe
17 Umwälzpumpe des Motors
18 Rückflußverhinderer (nur bei Motorvorwärmung)
19 Umwälzpumpe (nur bei Motorvorwärmung)
20 Thermostat zur Ausschaltung der Umwälzpumpe Pos. 2 (zur Verhinderung zu geringer Motorkühlwassertemperatur)

Was leistet diese Anlage?

1. Kabinen- und Führerstandsbeheizung mit dem Wasserheizgerät,
2. dasselbe mit Motorabwärme,
3. Brauchwasser-Erwärmung im Boiler,
4. Motorvorwärmung mit dem Wasserheizgerät.

Herzstück ist das Wasserheizgerät (1). Dort wird das Wasser erwärmt, strömt durch die Vorlaufleitung (10) zunächst zum Wasserwärmetauscher (14).

Wenn der Motor vorgewärmt werden soll, wird hier bereits Wärme in den Kühlwasserkreislauf des Motors übertragen. Umgekehrt kann bei laufendem Motor hier Abwärme des Motors in den Heizkreislauf abgegeben werden.

Weiter führt die Vorlaufleitung zu den Verbrauchern. Es sind dies: Boiler/Brauchwasser-Erhitzer (7), Heizkörper (5) und Gebläseheizkörper (12).

In der Rücklaufleitung (11) wird das abgekühlte Wasser gesammelt und zur Wasserpumpe des Heizgerätes (2) zurückgeführt. Der Boiler ist hier im Nebenschluß installiert. Die Boilerleitung dient gleichzeitig als Bypass, die den Wasserumlauf auch bei geschlossenen Heizkörperventilen ermöglicht.

Deutlich erkennt man, daß man bei der Zweistrang-Anlage lange Leitungen quer durch das Boot bekommt, wenn die Heizkörper auf verschiedenen Seiten des Bootes liegen.

Da wäre die Einstranganlage günstiger, bei der die Heizkörper entlang des Hauptstranges angeordnet sind und nur der Boiler einen eigenen Strang bekommt. Es muß dann allerdings darauf geachtet werden, daß die Heizkörper am Anfang des Stranges, die das wärmste Wasser bekommen, durch Spezialfittings entsprechend weniger Wasserdurchfluß erhalten als diejenigen am Ende.

Und welche Heizkörper kommen infrage?

Glieder-Heizkörper eignen sich im allgemeinen für den Einbau in Boote nicht. Sie brauchen zuviel Platz und sind zu schwer, wenn sie nicht in Leichtmetall ausgeführt sind.

Hauptsächlich werden Platten-Heizkörper, Konvektoren und Wärmetauscher mit Gebläse verwendet.

Platten-Heizkörper. Angeboten werden verschiedene Längen und Höhen sowie ein- und mehrreihige Ausführungen mit zwischengeschalteten Konvektoren.

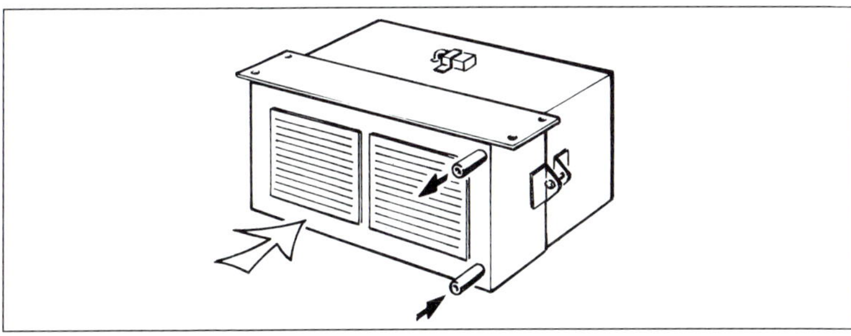

Heizkörper mit Gebläse haben – bezogen auf den Wärmestrom – den geringsten Platzbedarf. Außerdem ist mit ihnen Frischluftbetrieb zur Raumtrocknung möglich.

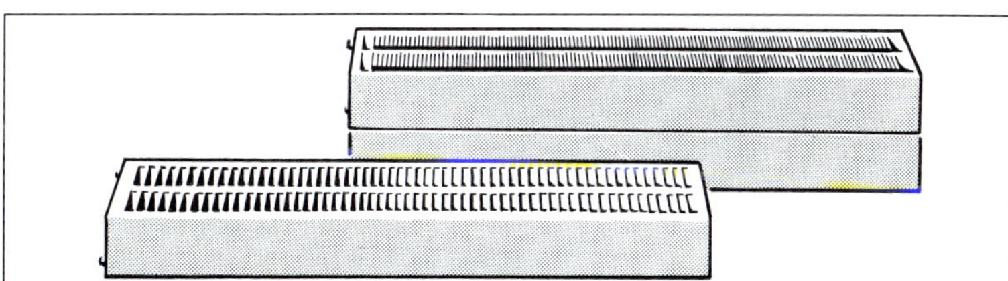

Konvektoren sind mit Lamellen versehene Rohre. Auch sie gibt es in verschiedenen Längen, Höhen und Bautiefen. Sie müssen, um wirksam zu heizen, in einen Schacht mit Zuluftschlitz unten und Abluftschlitz oben eingebaut werden.

Das Rohrnetz

Genau wie bei der Luftheizanlage das Gebläse stark genug sein muß, um genügend Heizluft durch die Luftleitungen zu den Ausströmern zu befördern, muß auch das Rohrnetz bei Wasserheizungen so dimensioniert werden, daß die erforderliche Mindestumwälzmenge nicht unterschritten wird. Das ist eine Aufgabe für den Fachmann.

Da sich Wasser bei Erwärmung ausdehnt, muß das vergrößerte Volumen in einem Ausdehnungsgefäß aufgefangen werden.

Das muß unter allen Umständen ein Druckausdehnungsgefäß sein. Sauerstoff in der Heizanlage ist nämlich ein gefährlicher Feind. Er bewirkt Korrosion. Zumal, wenn verschiedene Werkstoffe zusammengebaut werden, etwa Heizkörper aus Stahl oder Aluminium und Rohre aus Kupfer.

Die geschlossene Anlage wird zu Beginn sorgfältig entlüftet, neuer Sauerstoff kann dann nicht mehr eindringen. Es sei denn, die Anlage würde vor jedem Winter entleert und vor der neuen Saison wieder mit frischem Wasser befüllt.

Deshalb: Auch bei Booten, die nicht ganzjährig benutzt werden, das Wasser in der Heizanlage belassen und Frostschutzmittel zugeben.

Komplettiert wird die geschlossene Anlage mit Sicherheitsventil, Manometer und Schwimmerentlüfter, die zweckmäßig in einer Gruppe zusammengefaßt werden.

Abgas- und Verbrennungsluftführung

Eine der wichtigsten Sicherheitsregeln lautet: Abgas muß in dichter geschlossener Leitung ins Freie hinaus! Wie das geschehen kann, soll uns im Folgenden beschäftigen. Und außerdem, wie die zur Verbrennung benötigte Luft dem Heizgerät zugeführt wird.

Beginnen wir wieder mit der einfachsten, der Ofenheizung. Öfen holen sich die Verbrennungsluft aus dem Innenraum. Dabei muß eine wirksame Belüftung der Kajüte sichergestellt sein. Das Abgas muß bei Öfen dieser

Art stets über Deck geführt werden. Dabei ist darauf zu achten, daß die Abzugshaube frei angebracht wird und nicht von Fallwinden durch Aufbauten beeinflußt wird. Das könnte im Extremfall die Flamme ausblasen. Auf Segelbooten wird während des Segelns die Abzugshaube abgenommen und die Öffnung verschlossen.

Abgas- und Verbrennungsluftführung bei Gebläseheizungen

Je nach Konstruktion und Fabrikat sind Verbrennungsluft- und Abgasleitungen bis zu 5 m möglich. Damit kommt man dann immer bis zur Bootswand, zum Spiegel oder über Deck.

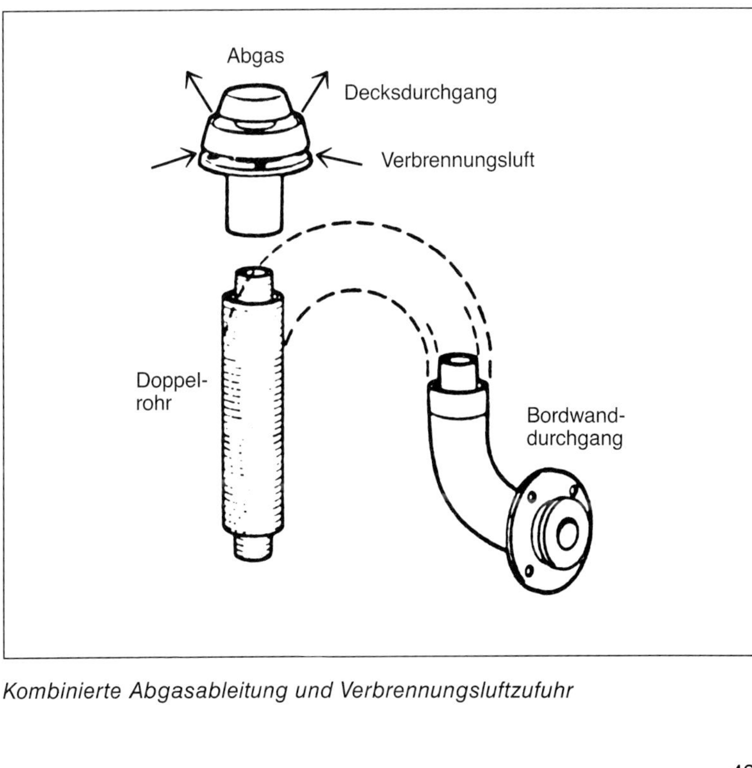

Kombinierte Abgasableitung und Verbrennungsluftzufuhr

Das bedeutet natürlich in jedem Fall Durchbrüche durch die Bordwand oder das Deck. Wenn ein Motor vorhanden ist, hat der seinen Auspuff. Könnte man nun nicht mit der Abgasleitung der Heizung in den Auspuff des Motors gehen? Das würde den Druchbruch durch die Bootswand ersparen.
Die Antwort: Es ist nicht zulässig. Bei laufendem Motor werden die Druckverhältnisse so gestört, daß die Heizung nicht einwandfrei brennen würde.
Es gibt, je nach Fabrikat, unterschiedliche Lösungen für die Abgas- und Verbrennungsluftführung. Bei manchen Konstruktionen sind Abgasaus- und Verbrennungslufteintrittsstutzen kombiniert. Über ein konzentrisches Doppelrohr werden die Verbrennungsluft zu- und das Abgas abgeführt. Dabei ist die Wärmeisolierung der Abgasleitung gleich mit erledigt.
Andere Heizgeräte haben getrennte Abgas- und Verbrennungsluftleitungen. Auch bei denen ist eine Isolierung für die Abgasleitung erforderlich. Dabei geht es nicht allein um den Wärmeschutz nach außen. Es wird so auch verhindert, daß die Abgasleitung zu stark auskühlt und sich übermäßig Kondensat bildet. Ganz läßt es sich ohnehin nicht vermeiden. Deswegen ist eine Kondensatabführung mit Sammelgefäß an der tiefsten Stelle vorgesehen, wenn die Abgasleitung nicht stetig fallend nach außen geführt werden kann.

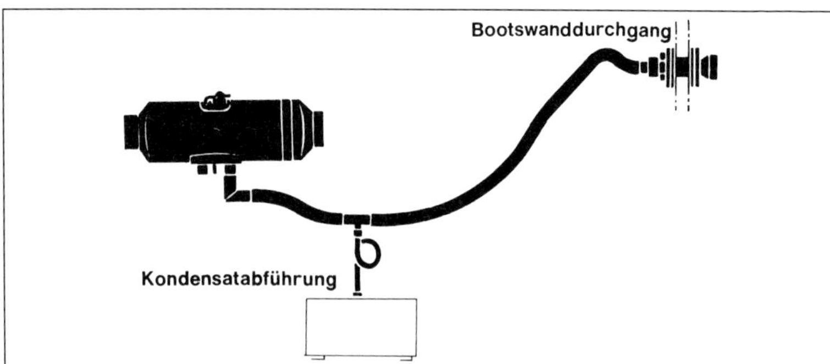

Abgasleitung mit Kondensatabführung

Dicht an der Bordwanddurchführung werden Verbrennungsluft- und Abgasleitung in einem sogenannten Schwanenhals verlegt, um Schwallwasser am Weiterfließen zum Heizgerät zu hindern.
Wenn dem keine behördlichen Vorschriften entgegenstehen, kann man die Verbrennungsluft auch aus gut belüfteten Stauräumen (Backskiste), dem Maschinenraum oder der Kabine entnehmen, wenn deren Belüftung beim Heizbetrieb sichergestellt ist.
Beim Maschinenraum muß allerdings gewährleistet sein, daß auch bei laufendem Motor kein Unterdruck entsteht, etwa durch das Kühlgebläse.
Mit einer Skizze eines Backskisten-Einbaues wollen wir das Thema abschließen.

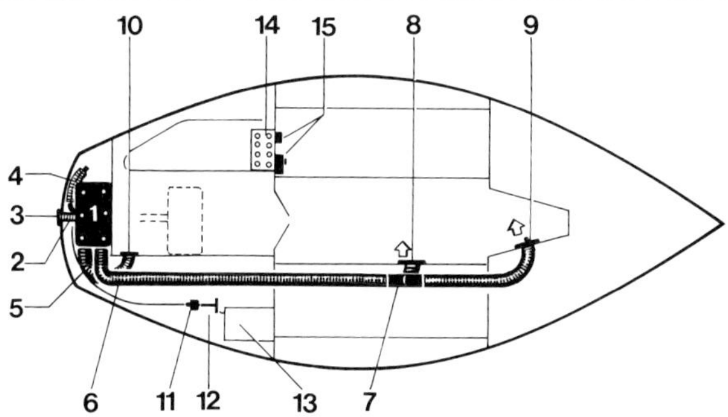

1 Heizgerät
2 Abgasrohr
3 Bootswanddurchgang
4 Ansaugschalldämpfer
5 Flex. Rohr (Frischluftansaugung)
6 Flex. Rohr (Warmluft)
7 Warmluftverteiler
8 Ausströmer, drehbar
9 Regelrosette
10 Ansaugschutzgitter
11 Kraftstoffdosierpumpe
12 T-Stück
13 Kraftstofftank
14 Batterien
15 Universalschalter oder Raumthermostat

Durch den Einbau im Heck ergibt sich eine extrem kurze Abgasleitung, die hier fallend verlegt werden kann. Die Verbrennungsluft wird aus der Backskiste über einen Schalldämpfer zugeführt.

Die Brennstoffversorgung

Es sei hier noch einmal wiederholt: Benzin sollte als Brennstoff wirklich nur in Ausnahmefällen verwendet werden. Üblich sind: Dieselkraftstoff, Petroleum und Flüssiggas.

Fragen, um die wir uns in diesem Zusammenhang kümmern müssen, sind: die Lagerung des Brennstoffes (Tank, zusätzliche Brennstoffbehälter, Gasflaschen), die Brennstofförderung vom Brennstoffbehälter zur Heizung, die Beschaffenheit der Brennstoffleitungen und Sicherheitsmaßnahmen.

Beginnen wir mit den Dieselheizungen. Da macht uns die Lagerung überhaupt keine Probleme. Außer, wenn wir einen Ofen installiert hätten, befindet sich der Brennstoffbehälter nämlich schon an Bord. Es ist der Tank des Motors. Entweder sieht man einen separaten Tankanschluß für die Heizung vor oder man zapft die Kraftstoffleitung zum Motor an. Für die Förderung des Brennstoffes vom Tank zum Heizgerät ist eine Pumpe erforderlich, die gleichzeitig Dosiereinrichtung sein kann.

Brennstoffleitungen sind heutzutage häufig aus Kunststoff. Im Kraftfahrzeugbereich sind diese sogar genormt. Es gibt keinen Grund, sie bei Dieselkraftstoff nicht auch im Boot zu verwenden, wenn sie gegen zu hohe Temperaturen und gegen Beschädigung geschützt fest im Boot verlegt werden. Die Anschlüsse werden mit kurzen Stücken Kraftstoffschlauch ausgeführt.

In manchen Regionen (z. B. Schweden, Bayerische Landesgewässer) werden allerdings bestimmte Anforderungen (Metall, schwer entflammbar) gestellt. Soll unser Boot dort zugelassen werden, müssen wir uns daran halten.

Soll aber ein Dieselofen oder eine Petroleumheizung installiert werden, braucht man einen zusätzlichen Brennstoffbehälter. Beim Ofen läßt sich der Tank des Motors nicht verwenden, weil der Brennstoff ohne Pumpe durch Schwerkraft zum Ofen fließt, und Petroleum ist ein Spezialbrennstoff, der selbstverständlich einen eigenen Brennstoffbehälter erfordert.

Die folgenden Skizzen zeigen Beispiele, wie solche Zusatzbehälter installiert werden können.

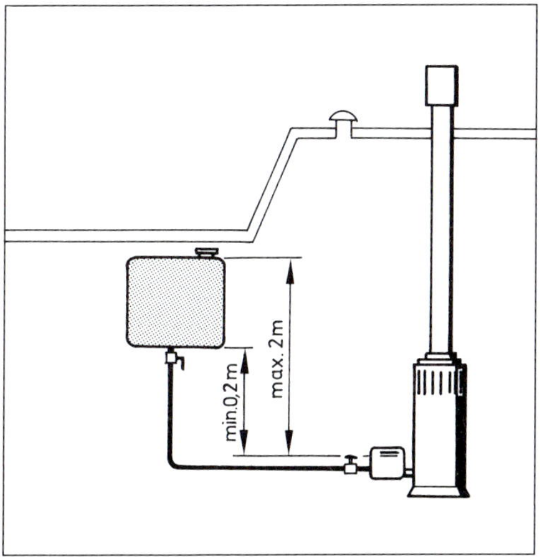

Installation eines Zusatztanks für einen Dieselofen.

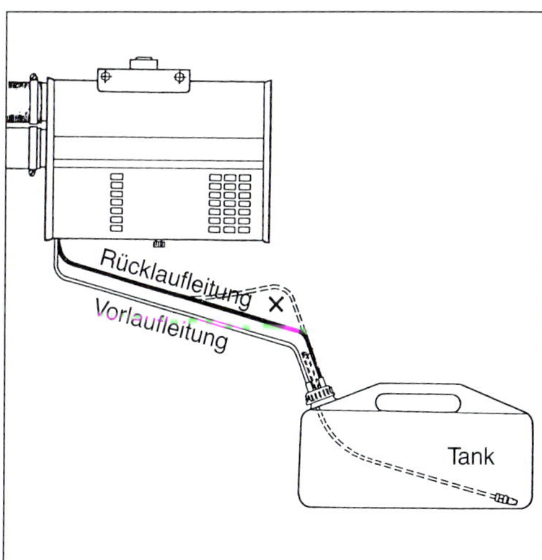

Installation der Brennstoffversorgung einer Petroleumheizung.

Kommen wir nun zum Flüssiggas: Weil beim Umgang mit Flüssiggas auf Booten größte Vorsicht geboten ist, haben sich sowohl der Deutsche Verein des Gas- und Wasserfaches (DVGW) als auch der Germanische Lloyd mit der Materie befaßt und Sicherheitsregeln festgelegt und veröffentlicht. Der DVGW im „Arbeitsblatt G 608 – Flüssiggasanlagen auf Wassersportfahrzeugen", und der Germanische Lloyd in seiner Schrift „Richtlinien für Einbau und Prüfung von Flüssiggasanlagen auf Wassersportfahrzeugen".

Einige wichtige Punkte sind:

1. Flüssiggasanlagen dürfen nur von Fachfirmen eingebaut werden.
2. Gasflaschen müssen den „Technischen Regeln Druckgase" entsprechen. Sogenannte Camping-Flaschen dürfen nicht eingebaut werden.
3. Flüssiggas-Geräte müssen vom Deutschen Verein für das Gas- und Wasserfach abgenommen oder einer gleichwertigen Prüfung unterzogen worden sein.

Nach der erstmaligen Inbetriebnahme durch den Installateur stellt dieser eine Prüfbescheinigung über den ordnungsgemäßen Zustand der Anlage aus. Regelmäßige Prüfungen mit Bestätigung sind dann alle zwei Jahre und nach jeder Reparatur vornehmen zu lassen.

Um ganz sicher zu gehen, empfiehlt es sich, eine Gasspüranlage einzubauen. Sie bietet die Möglichkeit, vom Bedienteil aus durch Knopfdruck die Gasleitung am Gasflaschenaufstellungsort zu öffnen oder zu schließen. Zusätzlich gibt der Sensor das Signal zum Schließen automatisch, wenn sich unverbranntes Gas am Aufstellungsort der Verbrauchseinrichtung sammeln sollte. Deswegen wird der Sensor an der tiefsten Stelle der Kajüte, beispielsweise unter dem Kocher, direkt über dem Fußboden, installiert. Er soll jedoch nicht mit Wasser in Berührung kommen, deswegen nicht in der Bilge montieren.

Die Gassperrautomatik bietet zusätzlich Sicherheit. Sie ist aber kein Freibrief für unkorrekte Installation.

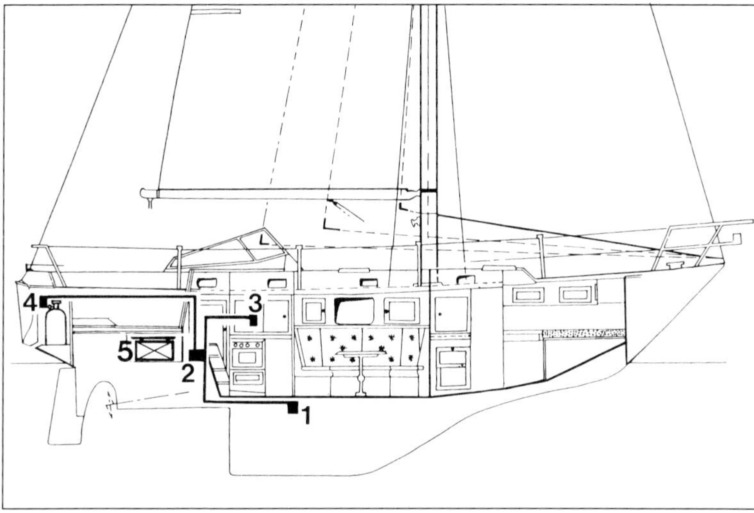

Gasspüranlage: *1 – Sensor*
2 – Sensor-Schaltkasten
3 – Bedienteil
4 – Fernschaltventil
5 – Batterie

Versorgung mit elektrischer Energie

Natürlich brauchen wir überhaupt keinen Gedanken an die Stromversorgung unserer Heizung zu verschwenden, wenn sie keinen Strom braucht. Das ist der unbestreitbare Pluspunkt der Öfen. Aber die Verteilung der Wärme auf mehrere Räume funktioniert nicht gut, der Trocknungseffekt ist gering; wir wissen das bereits. Wäre es nicht so, hätten die stromabhängigen Geräte ja keine Chance. Bei ihnen muß nur von Anfang an klar sein, welche Heizgewohnheiten wir haben, und auf diese muß die Stromversorgung abgestimmt sein. Das heißt: Bei der elektrischen Energie-Bilanz (Watt-Inventur*) für unser Boot müssen wir die Heizung mit berücksichtigen.

Ein Beispiel: Wir wollen eine Luftgebläse-Heizung von 3000/1500 Watt Wärmestrom (Heizleistung) installieren. Wie bei allen anderen Verbrauchern auch, entnehmen wir zunächst aus dem Prospekt des Herstellers den Betriebsstrom.

Er sei in Stellung „Groß“	1,5 Ampère
„Klein“	0,9 Ampère
Der Startstrom (2 min) sei	5,0 Ampère

Das ist der leichtere Teil der Aufgabe.

Bei den Einschaltzeiten wird's schwieriger. Ob wir unterwegs sind oder im Hafen liegen, in welchem Revier wir uns aufhalten, wer an Bord ist, und das Klima draußen natürlich, all das spielt eine Rolle. Wir brauchen aber für unsere Energie-Bilanz die Einschaltzeiten, denn der Strombedarf unserer Heizung in Ampère mal der Einschaltzeit in Stunden ergibt die Batteriebelastung in Ampère-Stunden (Ah).

Machen wir es so wie alle Techniker, wenn sie vor einem zunächst unkalkulierbaren Problem stehen – gehen wir von Annahmen aus.

Zunächst nehmen wir an, daß unser Bordnetz 24 Stunden von der Batterie ohne Nachladen versorgt werden muß. Danach gehen wir bei der Betriebszeit der Heizung von folgender Annahme aus:

Beim Start der Heizung werden 5 A × 2 min = 5 A × $\frac{1}{30}$h = 0,17 Ah verbraucht.

Die Heizung läuft dann 2 h auf „Groß“ = 2 h × 1,5 A	= 3,00 Ah
6 h auf „Klein“ = 6 h × 0,9 A	= 5,40 Ah
1 h auf „Groß“ = 1 h × 1,5 A	= 1,50 Ah
dann sei sie für 9 h ausgeschaltet	
9 h × 0 A	= 0 Ah
danach wieder 2 h auf „Groß“ = 2 h × 1,5 A	= 3,00 Ah

* Wie man die Energie-Bilanz bei der Elektrifizierung eines Bootes aufstellt, ist ausführlich beschrieben in Muhs, „Yachtelektrik“, Delius Klasing.

4 h auf „Klein“ = 4 h × 0,9 A	= 3,60 Ah
24 h	= 16,50 Ah
+ 2 × 0,17 Ah beim Start	= 0,34 Ah
	16,84 ≈ 17,00 Ah

In die Energiebilanz unseres Bootes müßten wir also eine Batteriebelastung – bei dieser Heizung und den angenommenen Einschaltzeiten – von 17 Ah eintragen.

Ein weiteres Beispiel:
Luftheizgerät mit Wärmestrom (Heizleistung) 3200/1600 Watt, also von etwa der gleichen Größe.

Betriebsstrom Stellung „Groß“	= 3,75 A
„Klein“	= 2,00 A
Startstrom (2 min)	= 20,00 A

Legen wir die gleiche Betriebszeit und das gleiche Regelverhalten zugrunde, ergibt sich:

Start 20 A x 2 min = 20 A x 1/30 h	= 0,70 Ah
2 h auf „Groß“ = 2 h × 3,75 A	= 7,50 Ah
6 h auf „Klein“ = 6 h × 2,0 A	= 12,00 Ah
1 h auf „Groß“ = 1 h × 3,75 A	= 3,75 Ah
9 h aus	= 0,00 Ah
Start 20 A × 1⁄30 h	= 0,70 Ah
2 h auf „Groß“ = 2 h × 3,75 A	= 7,50 Ah
4 h auf „Klein“ = 4 h × 2,0 A	= 8,00 Ah
	40,15 Ah

Diese Heizung fordert von der Batterie über das Doppelte an Kapazität bei gleicher Einschaltzeit.

Woher kommt der Unterschied?
Beginnen wir mit dem Startstrom. Beispiel 1 ist eine Petroleumheizung, Beispiel 2 arbeitet mit Dieselkraftstoff. Bei Dieselkraftstoff braucht man einfach mehr Energie als für Petroleum, um ihn anzuzünden. Da die hohe Strombelastung jedoch nur kurz andauert (ca. 2 min), und nur beim Start auftritt (Regelverhalten beachten), fällt das nicht so sehr ins Gewicht. Die Rechenbeispiele beweisen es.

Und der höhere Betriebsstrom? Das Rätsel löst sich, wenn wir weiter forschen nach Luftmenge, Ausströmtemperatur der Heizluft und zulässiger Länge der Heizluftleitungen und deren Durchmesser oder besser Querschnitt.
Die Wärmemenge, die die Heizluft transportieren kann, ist proportional der Luftmenge mal der Temperatur der Luft. Das heißt wenig Luft bedeutet höhere Temperatur, viel Luft niedrigere Temperatur, gleichen Wärmestrom vorausgesetzt.
Nun sollte allerdings die Ausströmtemperatur nicht zu hoch sein, sonst wird sie als unangenehm empfunden. Mehr Luft ist besser. Außerdem ist ein hoher Luftdurchsatz wesentlich für einen guten Trocknungseffekt. Die Werte sind bei den beiden angenommenen Heizungen jeweils bei Stellung „Groß“ und Ansaugtemperatur der Heizluft von 20° C:
Petroleumheizung – Beispiel 1 – Luftmenge ca. 53 kg/h.
Dieselheizung – Beispiel 2 – Luftmenge ca. 140 kg/h.

Nun ist alles klar. Die Dieselheizung hat ein viel stärkeres Gebläse als die Petroleumheizung und liefert reichlich 2 1/2 mal soviel Luft.
Bemißt man die Batteriekapazität entsprechend, kann man eine Heizung mit hohem Luftdurchsatz installieren und sich die damit verbundenen Vorteile und Annehmlichkeiten zunutze machen. Braucht man die hohe Gebläseleistung nicht, genügt eine kleinere Batterie. Wie man die Batteriekapazität für sein jeweiliges Boot richtig bemißt, ist ein anderes Kapitel. Nachzulesen in dem Buch „Yachtelektrik“ von J. F. Muhs*.

* Delius Klasing, Bielefeld

Abschließend noch ein paar Sätze zur Verdrahtung der Anlage. Die Schaltpläne werden je nach Typ verschieden sein. Die Hersteller fügen diese der Einbauanweisung bei. Allgemein gilt jedoch folgendes: Elektrische Leitungen haben immer einen Widerstand, den sie dem Strom entgegensetzen. Je dünner sie sind, um so größer ist dieser Widerstand. Sie verbrauchen also auch elektrische Leistung. Entsprechend weniger Spannung kommt dann am Heizgerät an.

Hat man also lange Leitungen zwischen Batterie und Heizgerät, dann darf man am Querschnitt derselben nicht sparen. Ganz besonders gilt das natürlich für Heizgeräte mit höherem Strombedarf.

Anhaltspunkte sind: Leitungslänge + und – zusammengezählt:

$<$ 5 m	Querschnitt 4 mm^2
5 bis 8 m	Querschnitt 6 mm^2
8 bis 14 m	Querschnitt 10 mm^2

Thermostatregelung

Wie bereits erwähnt, sollten bei Batteriebetrieb nur Flüssigbrennstoff-Heizungen verwendet werden, die zwischen Vollem- und Teilwärmestrom regeln und nicht nur „Ein – Aus“ schalten. Sonst würde nach jeder Aus-Phase der hohe Startstrom benötigt.

Den Raumthermostaten nicht in der Nähe von Warmluftaustritten montieren oder dort, wo er Zugluft ausgesetzt ist (Türen, Luken). Sonst wirkt er nicht wie er soll.

Es gibt jedoch auch elektronisch geregelte Heizgeräte, bei denen der Temperaturfühler ins Gerät eingebaut ist und die Temperaturvorwahl am Einschalter erfolgt. Diese brauchen keine Thermostaten extra.

Installation einer Luftheizung

Abschließend wollen wir uns auf einer Werft den Einbau einer 3200/1600-Watt-Diesel-Luftheizung, regelbar über Raumthermostat, in eine 10,60 Meter lange Segelyacht anschauen. Als eine von verschiedenen Einbaumöglichkeiten. Dabei mag sich jeder fragen, ob er sich diese Arbeiten selbst zutrauen würde. Denn tatsächlich ist der Selbsteinbau von Luftheizungen für einen geschickten Eigner, nach vorheriger fachlicher Beratung, kein allzu großes Problem.
Schwieriger ist schon der Einbau von Wasserheizungen. Ihn sollte man besser der Werft oder den Heizungswerkstätten überlassen. Die haben sowohl das nötige Fachwissen als auch die erforderlichen Einrichtungen und Werkzeuge.
Gasheizungen installiert in jedem Fall der Fachmann. Aus Sicherheitsgründen.

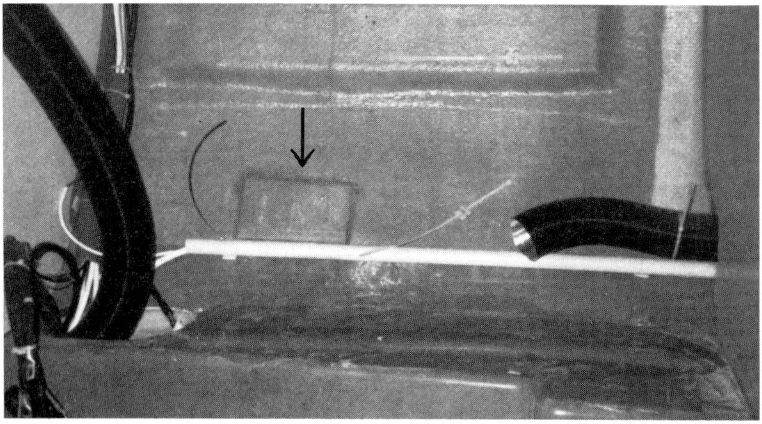

An der Bordwand ist ein Holzklotz anlaminiert. Daran wird der Halter des Heizgerätes angeschraubt. Warmluftleitungen zu den Ausströmern im Salon, dem Vorschiff und der Achterkajüte werden verlegt.

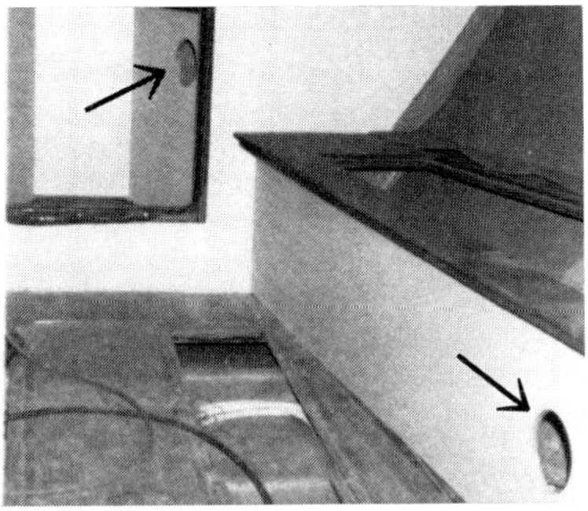

Bohrungen für die Luftausströmer in Salon und Vorschiff.

Verschließbare Ausströmer sind in Vorschiff und der Achterkajüte montiert.

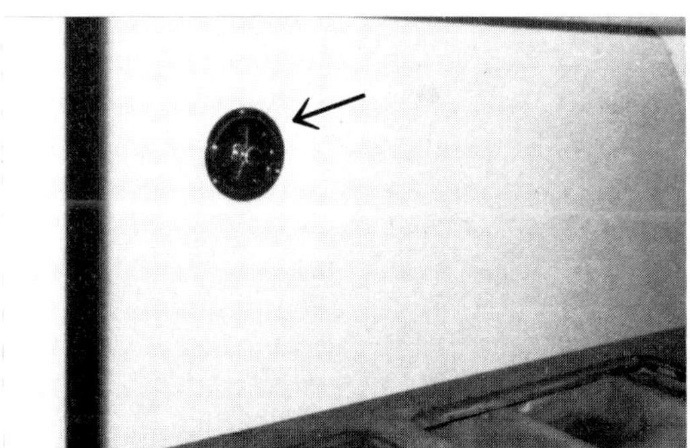

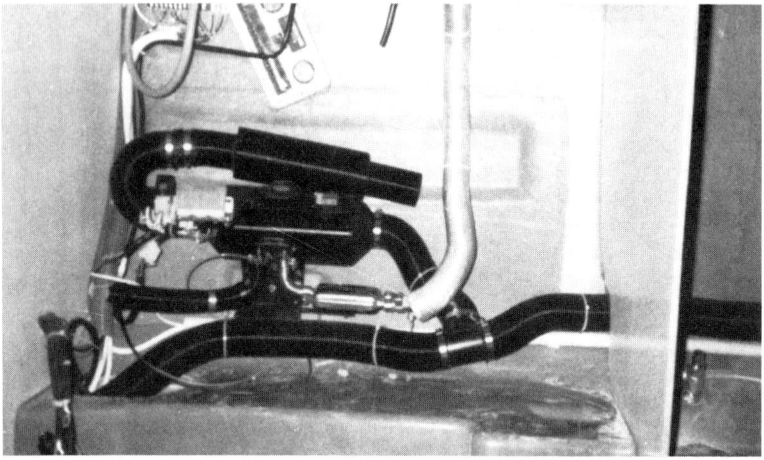

Das Heizgerät wird vormontiert mit Haltebügel, Heizluftansaugschalldämpfer, Verbrennungsluftansaugschalldämpfer, Abgasschalldämpfer und isoliertem Abgasrohr, elektronischem Steuergerät und Verkabelung. Dann wird es an den an der Bordwand anlaminierten Holzklotz geschraubt. Heizluftleitungen, Abgasleitung, Brennstoffleitung, Verkabelung werden montiert.

Der Abgaskamin auf dem Seitendeck ist abnehmbar, die Austrittsöffnung bei extremer Schräglage mit einem Stopfen verschließbar. Dann ruht der Heizbetrieb natürlich.

Brennstoffanschluß am Tank in der Backskiste. In der Brennstoffleitung sitzt die Dosierpumpe zur Förderung und gleichzeitiger Dosierung des Brennstoffes.

Der fertige Einbau des Heizgerätes unter dem Kartentisch.

Der Raumthermostat zur Bedienung der Heizung und Temperaturwahl, eingebaut in der Navigationsecke.

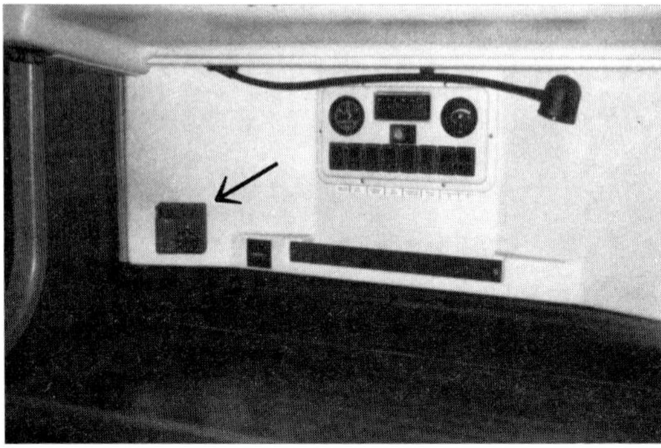

Sicherheitsvorschriften

Die Vorschriften für die Ausführung, die Installation und den Betrieb von Heizgeräten auf Wassersportfahrzeugen sind enthalten in

„Richtlinien für den Bau und die sicherheitstechnische Ausrüstung von kleinen Wassersportfahrzeugen aus GfK" des Germanischen Lloyd.

„Richtlinien für Einbau und Prüfung von Flüssiggasanlagen auf Wassersportfahrzeugen" des Germanischen Lloyd.

„Arbeitsblatt G 608, Flüssiggasanlagen auf Wassersportfahrzeugen" des DVGW.

„Bodensee-Schiffahrtsordnung" für Boote auf dem Bodensee.

„Verordnung über die Schiffahrt auf Bayerischen Gewässern".

Auch international gibt es Sicherheitsvorschriften für Heizungen an Bord. Im einzelnen geben darüber die Werften oder Heizungs-Hersteller Auskunft.

Hersteller von Bootsheizungen

Eberspächer
Eberspächer Str. 24
D-7300 Esslingen a. N.
Tel. (07 11) 31 09–0

Webasto
Kraillinger Str. 5
D-8035 Gauting 2
Tel. (0 89) 8 57 94–0

Truma
Wernher von Braun-Str. 12–14
D-8011 Putzbrunn
Tel. (0 89) 46 17–0

Wallas Marin
Importeur Bukh-Diesel
Kornstraße 243
D-2800 Bremen
Tel. (04 21) 55 40 55–6

Ardic/Thermo-Heizungen
Volvo-Flygmotor
Importeur Volvo Penta
Redderkoppel 5
D-2300 Kiel 17
Tel. (04 31) 3 94 80

Tuco
Am Mainufer 1
D-6985 Stadtprozelten/Main
Tel. (0 93 92) 78 66

Heiny Bertschi
Schüracher 9
CH-8306 Brüttisellen
Tel. 0 18 33 40 75

Reflex Olieovne A–S
Lorupvej 17
DK-5750 Ringe

Taylors
Blake u. Sons Ltd.
Gosport
England
Importeur: Triton Belco AG
Alter Teichweg 15–25
2000 Hamburg 76

Kühlen an Bord

Kühlen von Lebensmitteln

Nachdem wir einen umfassenden Überblick gewonnen haben, wie wir uns unter Deck eine wohnliche Atmosphäre verschaffen können, auch wenn es draußen ungemütlich kalt ist, wollen wir uns einem zweiten wichtigen Thema zuwenden. Natürlich sind es trotz aller Vorkehrungen gegen kaltes, unfreundliches Wetter die warmen, sonnigen Tage, während derer das Leben auf dem Wasser am angenehmsten ist. Das ist keine Frage. Und gegen wirkliche Hitze hilft zur Not ein Sprung ins kühle Naß. Für die Crew.

Aber Butter, Milch, Wurst und die unentbehrlichen Drinks? Man kann sie ja nicht gut in einem Einkaufsnetz im Kielwasser nachziehen, und was Seefahrer zu Columbus' Zeiten für Probleme mit der Ernährung hatten, ist auch bekannt.

Nein, hier muß die moderne Technik helfen. Zuhause gehören schließlich Kühlschrank und Gefriertruhe längst zur Standardausrüstung.

Am einfachsten müßte das Kühlproblem doch zu lösen sein, wenn man einen normalen Kühlschrank im Boot installierte. Beinahe richtig. Allerdings gibt's auch beim Kühlen an Bord ein paar Punkte, die besondere Beachtung verdienen, beim stationären Betrieb hingegen kaum eine Rolle spielen. Es sind:

1. Energiebedarf
2. Platzbedarf
3. Gewicht
4. Lageabhängigkeit

und die Kosten natürlich auch, aber das ist kein bootsspezifischer Punkt. Außerdem wär's natürlich eine feine Sache, mindestens dort, wo es die Sonne allzu gut meint, nicht nur die Verpflegung frisch halten zu können sondern sich selbst auch. Sprich: Die Kajüte(n) zu klimatisieren.
Am besten schauen wir uns mal um, was der Markt bietet. Die Vielfalt ist wieder verwirrend. Bringen wir also System in die Sache. Zunächst trennen wir die Kühlung von Lebensmitteln von der Raum-Klimatisierung und beginnen mit dem ersteren und dem einfachsten.
Da sind zunächst – allgemein bekannt und preiswert – die

Thermo-Isolierboxen

Vorgekühlte Speisen und Getränke bleiben mit Kühlakkus, die in der Gefriertruhe tiefgefroren wurden, längere Zeit kühl. Eine akzeptable Lösung für den sonntäglichen Nachmittagstörn. Dabei braucht man's aber glücklicherweise nicht zu belassen.

Peltier-Kühlboxen

Dank eines Effektes, den der Herr Peltier aus Frankreich schon vor vielen Jahren entdeckt hat, kann man elektrischen Strom direkt in Kälte (oder Wärme, wenn man die Stromrichtung umkehrt) umsetzen. Das geschieht in sogenannten Peltier-Elementen. Baut man sie in eine Thermo-Isolierbox ein, kann man, je nachdem in welcher Richtung der Strom fließt, den Inhalt kühlen oder warmhalten.
Es gibt eine Vielzahl von mit Peltier-Elementen ausgerüsteten Kühl- und Wärmeboxen auf dem Markt. Allen gemeinsam ist, daß sie eine Stromaufnahme bei 12 V Nennspannung von 2,5 bis 4 A (je nach Größe) haben und auf Grund des ziemlich niedrigen Wirkungsgrades der Peltier-Elemente relativ lange brauchen, um ihre endgültige Kühlstufe zu erreichen.
Es empfiehlt sich, Lebensmittel und Getränke nur vorgekühlt einzulegen und möglichst noch tiefgefrorene Kühlakkus beizupacken, um den Kühlvorgang zu unterstützen.

Ein paar Beispiele handelsüblicher Peltier-Kühlboxen.

Eine Besonderheit der Peltier-Boxen ist, durch einfaches Umlegen eines Schalters den Inhalt – falls gewünscht – erwärmen beziehungsweise warmhalten statt kühlen zu können.
Aber mit welchem Aufwand an stets knapper elektrischer Energie an Bord!!
Das nächste Aggregat kann nur kühlen, das aber wirksamer – es ist die

Schwingkompressor-Kühlbox

Kühlboxen mit Schwingkompressoren erreichen bei einer Stromaufnahme von 3,5 bis 5 A in etwa ⅓ der Zeit der Peltier-Boxen 5 °C, können aber bis ca. maximal –18 °C kühlen. Hier sind es vor allem die hohen Anlaufströme, die bei dem häufigen kurzzeitigen Einschalten des Kompressors die Batterie übermäßig belasten.

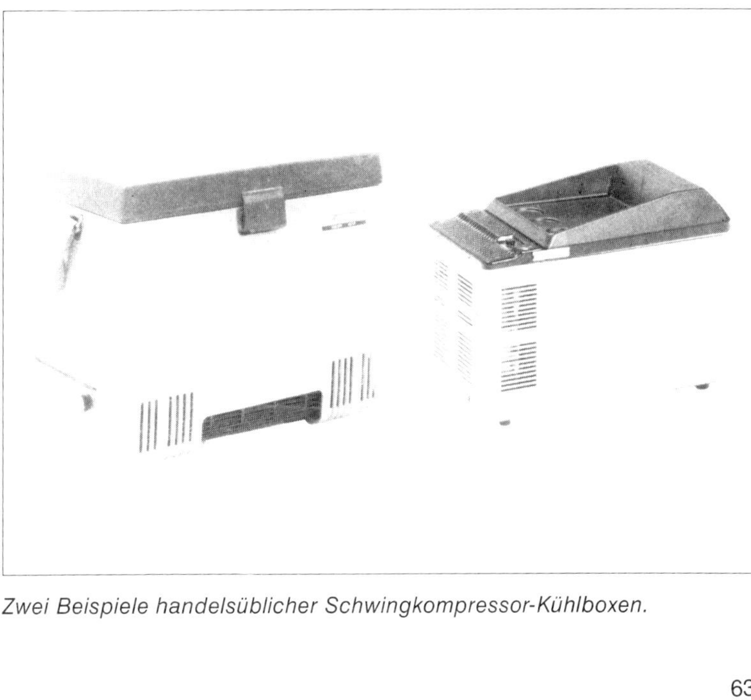

Zwei Beispiele handelsüblicher Schwingkompressor-Kühlboxen.

Ganz wichtig ist bei beiden Systemen die ungehinderte Abführung der dem Kühlgut entzogenen Wärme. Ein Ventilator, der die Wärmeableitung beschleunigt, ist bei eingebauten Geräten sehr nützlich.
Doch für anspruchsvollere Kühlaufgaben muß mehr aufgewendet und gleichzeitig das Energieproblem gelöst werden. Erstrebenswert ist, dann wenn genügend Energie zur Verfügung steht – am Landanschluß oder wenn der Motor läuft – Kälte auf Vorrat zu erzeugen, um sie dann in der energiearmen Zeit (beim Segeln zum Beispiel oder während der Nacht in einer Bucht) zum Kühlen nutzen zu können. Die Lösung heißt Speicherplatte oder international holding plate.

Wie wird Kälte erzeugt?

Eigentlich darf man gar nicht sagen, man würde Kälte erzeugen. Was man kann ist, dem Gegenstand, den man kühlen will, Wärme entziehen. Es kommt zwar auf's selbe raus, aber Physiker sind da eben sehr genau. Und wie geht das? Zwei einfache Versuche, die jeder selbst durchführen kann, zeigen das Prinzip.

1. Gießt man sich eine leicht verdunstende Flüssigkeit (z. B. Alkohol) über die Hand, spürt man nach einiger Zeit ein Kältegefühl. Es kommt daher, daß die Flüssigkeit verdunstet, das heißt in Dampf übergeht und die dazu nötige Energie (Verdampfungswärme) der Umgebung – der Hand – entzieht.
2. Die Flüssigkeit in einem Behälter, den man mit einem feuchten Tuch umwickelt, bleibt kühler als die Umgebung. Wird das Tuch ständig nachgefeuchtet, sogar über längere Zeit. Auch hier wird die Verdampfungswärme dem Inhalt des Behälters entzogen.

Gelänge es nun, einen geschlossenen Kreislauf zu verwirklichen, in dem die verdunstete Flüssigkeit* – ihr Dampf – aufgefangen und wieder verflüssigt würde, dann könnte man sie wieder verdunsten lassen und müßte nicht ständig nachfeuchten. In jedem Kühlschrank, jeder Gefriertruhe,

jedem Kälte erzeugenden Gerät – wir bleiben bei diesem bequemen Begriff – geschieht das.
Es muß nur eine Einrichtung vorhanden sein, die den Dampf des Kühlmittels wieder in den flüssigen Zustand zurückführt.
Dazu nutzt man zwei physikalische Gesetzmäßigkeiten aus:

1. Jede Flüssigkeit nimmt beim Verdampfen Wärme auf, die sie in unserem Falle dem Kühlgut entzieht, und gibt sie beim Übergang vom dampfförmigen in den flüssigen Zustand wieder ab.
2. Die Temperatur, bei der eine Flüssigkeit siedet (Siedepunkt) und kondensiert ist druckabhängig. Je höher der Druck ist um so höher ist auch der Siedepunkt.
   Zum Beispiel siedet Wasser bei 1 bar Druck (= normaler Umgebungsdruck) bei 100 °C, bei 2 bar Druck aber erst bei 120 °C. Das heißt, Wasserdampf von 1,0 bar Druck und beispielsweise 110 °C kann man durch Erhöhen des Druckes auf 2 bar in Wasser umwandeln. Dabei gibt er die beim Verdampfen aufgenommene Wärme wieder ab.

Allerdings ist Wasser als Kältemittel nicht geeignet, denn sein Siedepunkt ist zu hoch. Glücklicherweise gibt es Flüssigkeiten, die bei wesentlich niedrigeren Temperaturen sieden. Eine davon ist Frigen 12. Sein Siedepunkt liegt bei Normaldruck bei −30 °C. Es wird heute üblicherweise in Kühlaggregaten verwendet.

---

* Allerdings ist das Verdunsten eine ziemlich langsame Angelegenheit. Um eine Flüssigkeit schneller in Dampf zu überführen, muß sie sieden, d. h. wärmer sein als ihr Siedepunkt. Beim Sieden geschieht aber im Prinzip nichts anderes als beim Verdunsten – die Flüssigkeit verwandelt sich in Dampf – nur eben viel schneller.

Das Kompressor-Kühlprinzip

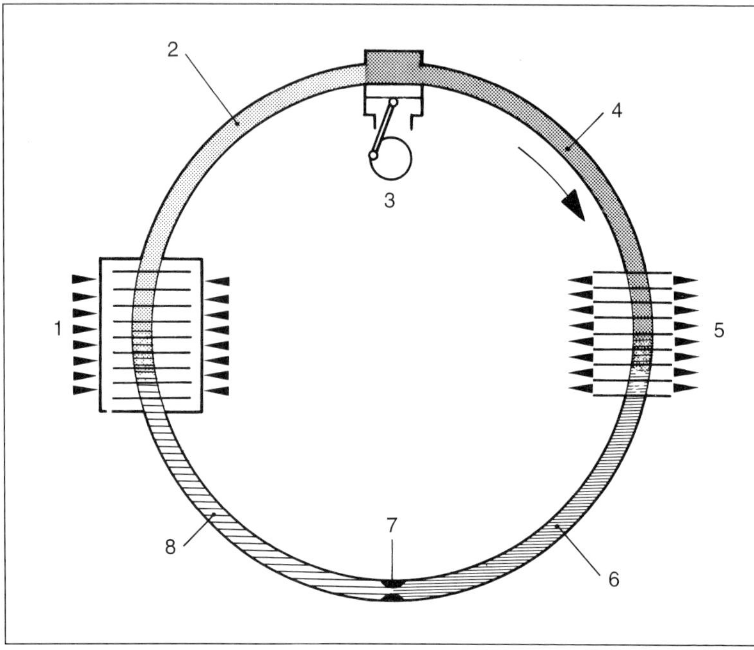

So sieht der komplette Kreislauf des Kühlmittels aus:

1. *Verdampfer. Die Verdampfungswärme wird dem Kühlgut entzogen und befindet sich jetzt im Dampf.*
2. *Dampf bei niedrigem Druck.*
3. *Kompressor. Er verdichtet den Dampf.*
4. *Dampf bei hohem Druck.*
5. *Kondensator. Das Kältemittel kondensiert, die beim Verdampfen aufgenommene Wärme wird nach außen abgegeben.*
6. *Flüssigkeit unter hohem Druck.*
7. *Drosselorgan, entspannt die Flüssigkeit.*
8. *Flüssigkeit unter niedrigem Druck.*

Kompressoranlage zum Selbsteinbau

Die Komponenten Verdampfer, Kompressor, Kondensator und Drossel sind Bestandteil jeder Kompressoranlage.
Die Einrichtung, um Kühlgut zu kühlen, ist damit vorhanden. Man braucht nur noch den Verdampfer in eine Kühlbox einzusetzen, dann hat man genau dasselbe wie beim Kühlschrank zu Hause. Solche Anlagen gibt es gleich fertig im Boot montiert oder zum Selbsteinbau.

Je nachdem, wie gut die Kühlbox isoliert ist, wird der Kompressor eine Weile laufen und das Kühlgut auf die gewünschte Temperatur herunterkühlen. Dann schaltet er sich automatisch aus, und nun erwärmt sich das Kühlgut wieder etwas, weil selbst die beste Isolierung nicht vollständig nach außen abschirmt, bis schließlich der Kompressor wieder eingeschaltet wird und das Spiel von neuem beginnt. Wie aber kann man die Kälte speichern?

Die Speicherplatte

Genauso wie beim Verdampfen, also beim Übergang vom flüssigen in den dampfförmigen Zustand Wärme erforderlich ist, die man dem Kühlgut entziehen kann, ist Wärme erforderlich, um einen Stoff vom festen in den flüssigen Zustand zu überführen. Sie heißt Schmelzwärme. Das kann man ausnutzen. Man muß nur den Verdampfer mit einer Flüssigkeit umgeben, die bei sehr tiefer Temperatur erstarrt, dann kann man auch Kälte-Speicher realisieren.

Die Sache funktioniert so:

1. Der Speicherinhalt ist flüssig.
2. Der Kompressor läuft, das Kältemittel führt Schmelzwärme aus der Speicherflüssigkeit ab, die Speicherflüssigkeit gefriert.
3. Der Kompressor steht. Der Speicherinhalt schmilzt langsam und nimmt die im Kühlgut enthaltene und durch die Isolation der Box von außen eindringende Wärme auf.

Das bedeutet, daß auch während der Stillstandszeiten des Kompressors die Temperatur der Speicherplatte solange nicht steigt, bis der ganze Speicherinhalt geschmolzen ist. Dadurch werden die Stillstandszeiten des Kompressors erheblich verlängert.

Damit sind wir der idealen Kühlung an Bord ziemlich nahe gekommen und können jetzt die Theorie verlassen und uns den praktisch ausgeführten Anlagen zuwenden.

Marktgängige Kompressor-Kühlanlagen

Neben der Größe der Speicherplatte ist der Antrieb des Kompressors das wichtigste Unterscheidungsmerkmal.
Es gibt:
1. Elektrisch betriebene Kompressoranlagen,
2. Kompressoranlagen mit mechanischem Antrieb vom Motor,
3. Anlagen mit zwei Kompressoren, wobei ein Kompressor einen elektrischen Antrieb hat, der andere vom Motor angetrieben wird.

Und natürlich hat auch die Elektronik beim Kühlen an Bord Einzug gehalten. Sie hat wichtige Aufgaben bei der Steuerung und ökonomischen Verwendung der elektrischen Energie.

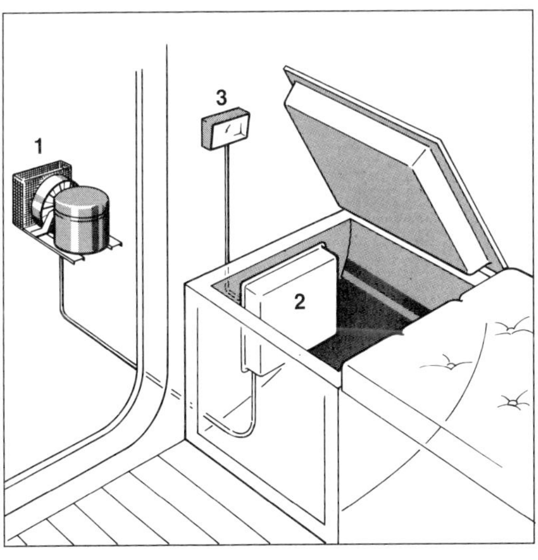

Elektrisch betriebene Kompressoranlage.
1. Kompressor mit lüftergekühltem Kondensator
2. Speicherplatte (Verdampfer)
3. Kontrolleinheit

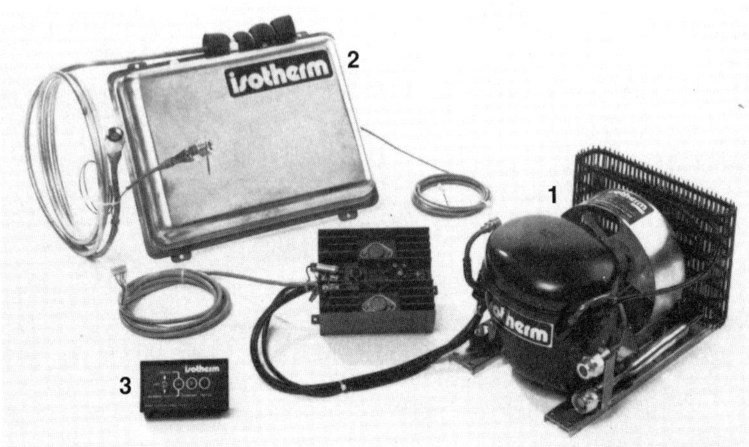

1. Kompressor mit lüftergekühltem Kondensator
2. Speicherplatte (Verdampfer)
3. Kontrolleinheit

Kompressoranlage mit mechanischem Antrieb vom Motor.

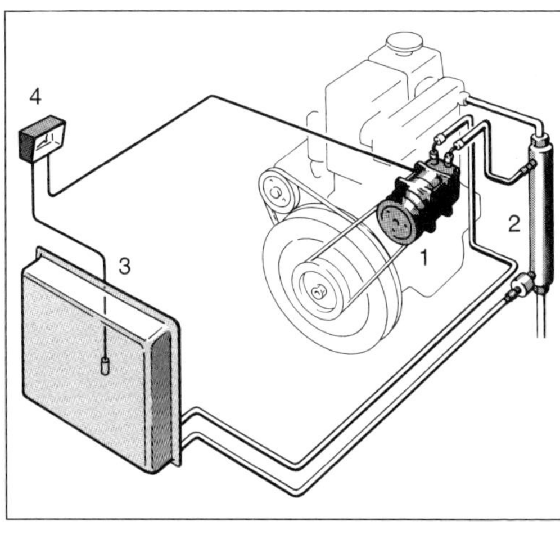

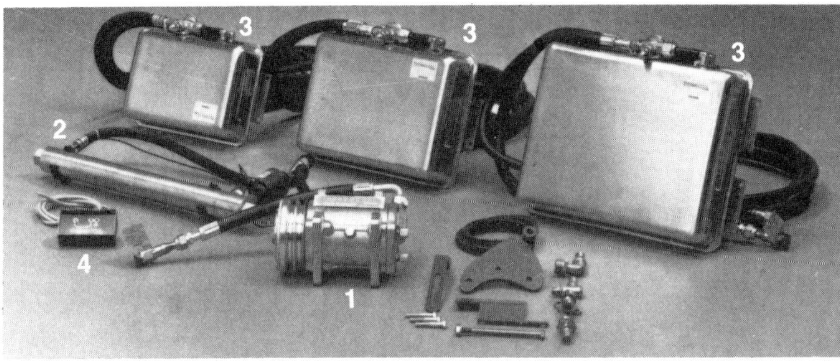

1. Kompressor mit Magnetkupplung
2. Kondensator (seewassergekühlt)
3. Speicherplatte (Verdampfer) für 70, 120 und 250 l
4. Kontrolleinheit

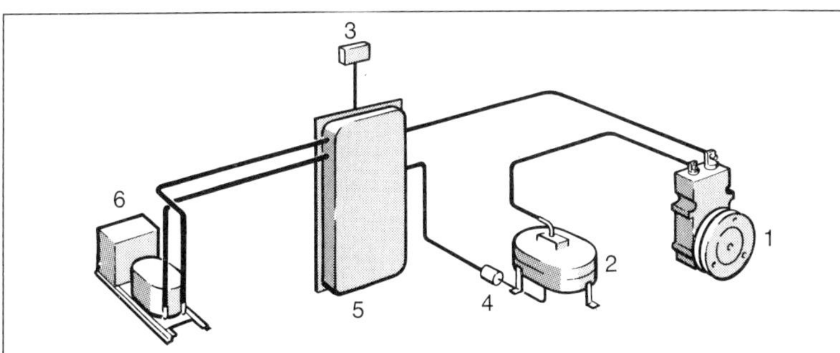

Anlage mit zwei Kompressoren.

1. *Vom Motor angetriebener Kompressor*
2. *Wassergekühlter Kondensator*
3. *Thermostat*
4. *Trockenfilter*
5. *Speicherplatte*
6. *Elektrisch betriebener Kompressor mit luftgekühltem Kondensator*

Diese Anlage bietet die Möglichkeit, die Kühlanlage zu betreiben, ohne den Motor starten zu müssen, zum Beispiel bei einem längeren Hafenaufenthalt.

Die Elektronik beim Kühlen

Das größte Problem, das bei allen Kühlaufgaben an Bord zufriedenstellend gelöst werden muß, ist die Versorgung mit elektrischer Energie. Selbst wenn man eine reichlich bemessene Zweitbatterie hat, gilt es mit deren Kapazität hauszuhalten. In dieser Richtung ist die Speicherplatte bereits ein wichtiger Schritt. Es ist jedoch kaum etwas so gut, als daß man es nicht noch besser machen könnte. Natürlich ist's die moderne Elektronik, die auch hier den Komfort steigert.

Dazu ein Beispiel. Es sind vorhanden:

Kühlbox 150 l mit Speicherplatte, elektrisch angetriebener Kühlkompressor, vom Motor angetriebener Generator, Versorgungsbatterie 12 V/ 150 Ah, Landanschluß mit Ladegerät.

Ohne elektronische Steuerung funktioniert die Sache so:

Zunächst wird unabhängig vom Ladezustand der Batterie und davon, ob der Motor mit dem Generator läuft oder der Landanschluß zugeschaltet ist, der Kühlkompressor laufen und die Speicherplatte laden. Ist die am Thermostaten eingestellte oder fest einprogrammierte Temperatur erreicht, wird der Kompressor abgeschaltet.

Er wird andererseits nicht laufen, wenn zwar Energie vom Generator oder Landanschluß zur Verfügung steht, die Speicherplatte sich aber noch in der Abtauphase befindet. Ist die Speicherplatte schließlich abgetaut, wird er – wiederum unabhängig vom Ladezustand der Versorgungsbatterie – erneut eingeschaltet. Das kann unter ungünstigen Umständen zur Tiefentladung der Batterie führen.

Die Elektroniker machen sich nun die Tatsache zunutze, daß die Bordspannung etwas höher (größer als 12,8 V) ist, wenn der Generator läuft oder ein Landanschluß zugeschaltet ist, als wenn das Bordnetz von der Batterie versorgt wird. Sie ist dann kleiner als 12,6 V.

Zunächst gibt es einen Unterspannungsschutz. Unter ca. 11 V wird der elektrische Kompressor auf jeden Fall gestoppt. Tiefentladung der Versorgungsbatterie wird vermieden. Nachladen der Batterie ist jetzt erforderlich.

Für den Kühlbetrieb gibt es nun verschiedene Lösungen, um energiereiche Zeiten zu nutzen und energiearme Zeiten möglichst lange zu überbrücken.
Bei einem System sind die Schalttemperaturen fest programmiert: Beträgt die Spannung im Bordnetz mehr als 12,8 V, ist der Kompressor mit dem Ventilator in Betrieb. Die Speicherplatte wird auf 15 °C abgekühlt. Danach wird der Kompressor abgestellt. Bei −8 °C startet er automatisch wieder.
Beträgt die Spannung im Bordnetz weniger als 12,5 V, wird der Kompressor im sogenannten Economy-Betrieb nur eingeschaltet, um die Speicherplatte zwischen −6 °C und −1 °C zu halten.
Bei einem anderen System sind die Temperaturen in der Kühlbox frei wählbar.
Bei Motorlauf oder Landanschluß wird die Speicherplatte geladen wie eben beschrieben. Ist sie voll aufgeladen, schaltet die Elektronik auf Erhaltungsbetrieb. Steht dann irgendwann keine externe Energie mehr zur Verfügung, kann der Kompressor manuell mit einer Taste gestoppt werden. Wird die Taste nicht gedrückt, läuft das Aggregat bis die Spannung auf 11,3 V abgesunken ist. Dann wird es automatisch gestoppt.
Jetzt ist der Speicher solange in der Entladungsphase – ohne Batteriebelastung – bis die Bordspannung durch Generatorbetrieb oder Landanschluß über 12,8 V ansteigt. Dann schaltet die Elektronik automatisch wieder auf Laden des Speichers.
Über die unterschiedlichen Details und welche Anlage jeweils die günstigste ist, informieren die Hersteller.

Absorber-Kühlanlagen

Es gibt noch eine zweite Möglichkeit, den Kreislauf des Kältemittels zu realisieren. Das ist das Absorberprinzip. Es kommt ohne Kompressor aus, ohne bewegte Teile also.

Absorberanlagen haben den Vorteil, daß sie völlig geräuschlos arbeiten und außer mit elektrischer Energie auch mit Flüssiggas betrieben werden können. Ihr Nachteil für den Yachteinsatz: Sie sind lageabhängiger als Kompressoranlagen und nur für normale Kühlschränke oder Kühlboxen, nicht aber für Speicherboxen geeignet.

Entscheidet man sich für einen Absorber-Kühlschrank oder eine Absorber-Kühlbox, dann gilt es sich zu informieren, bis zu welcher Schräglage die Geräte betrieben werden dürfen und welcher Einschränkungen sie beim Einbau unterliegen.

Auch ist der Energiebedarf (elektrischer Strom oder Flüssiggas) ein wichtiges Kriterium.

Absorber-Kühlbox mit Kühl- und Tiefkühlfach.

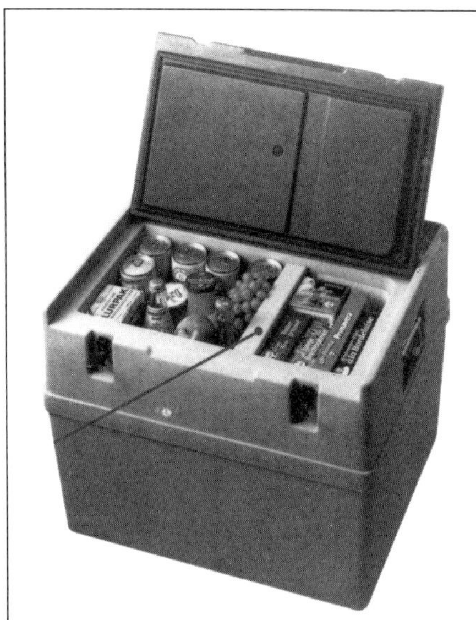

Wie funktioniert der Absorber?

An dem Prinzip, einem Kühlgut Wärme zu entziehen und diese Wärme woanders abführen zu müssen, ändert sich gar nichts. Auch nicht daran, daß ein Kühlmittel erforderlich ist, dessen Siedepunkt bei Normaldruck unter der Temperatur liegt, die man sich für das Kühlgut wünscht, das aber bei Normaltemperatur und höherem Druck flüssig wird und so die vom Kühlgut aufgenommene Wärme nach außen abgeben kann. Und schließlich ändert sich daran nichts, daß das Ganze in einem Kreislauf stattfinden muß.

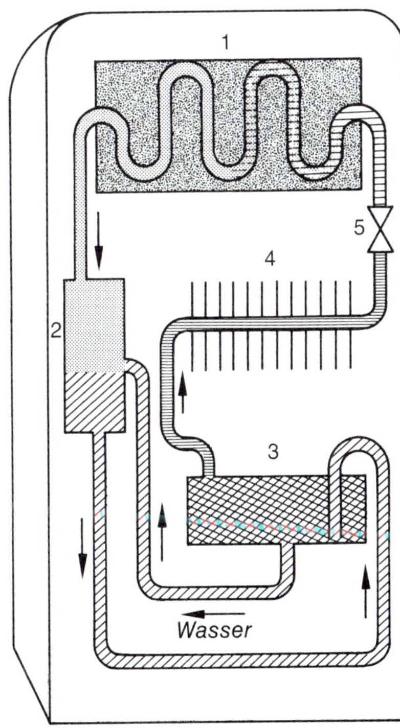

Funktionsschema eines Absorbers.
1 – Verdampfer
2 – Absorber
3 – Kocher
4 – Kondensator (Verflüssiger)
5 – Drosselorgan, entspannt das flüssige Ammoniak.

Erst jetzt kommt der Unterschied zur Kompressoranlage. Es gibt ja keinen Kompressor und dennoch muß der Druck des verdampften Kältemittels erhöht werden. Hilfe kommt von der Eigenschaft des Ammoniaks, in diesem Fall des Kältemittels, sich bei niedriger Temperatur in Wasser zu lösen, bei höherer Temperatur jedoch ausgetrieben zu werden, während das Wasser zurückbleibt.
Und so funktioniert die Sache: Im Verdampfer (1) verdampft flüssiges Ammoniak, weil die Temperatur des Kühlguts, bei niedrigem Druck, über dem Siedepunkt des Kühlmittels liegt. Die Verdampfungswärme wird dem Kühlgut entzogen und befindet sich jetzt im Dampf. Im Absorber (2) löst sich bei niedrigem Druck und niedriger Temperatur Ammoniakdampf in Wasser. Im Kocher (3) wird das Ammoniak aus dem Wasser wieder ausgetrieben. Es entsteht Ammoniakdampf bei hohen Druck. Das Wasser wird zum Absorber zurückgeführt. Der Kocher wird elektrisch oder mit Gas beheizt. Im Kondensator (4) kondensiert der Ammoniakdampf, weil bei hohem Druck die Temperatur des Kondensators unter dem Siedepunkt des Kühlmittels liegt. Die im Verdampfer vom Kühlgut aufgenommene Wärme wird nach außen abgegeben.

Selbstbau einer Kühlbox

Gehört eine Kühlbox nicht schon zur Ausstattung des Bootes, kann man sich mit etwas handwerklichem Geschick selbst eine bauen. Generell sollte eine Box einem Kühlschrank immer vorgezogen werden, wenn nicht beim Kühlschrank besondere Maßnahmen getroffen werden. Die Kühlbox hat zwei Vorteile: Erstens bleibt die kalte Luft in der Kühlbox immer unten liegen, wenn Kühlgut entnommen oder eingelagert wird. Zweitens kann eine Kühlbox relativ leicht an die Form und Einrichtung des Bootes angepaßt werden.
Zuerst gilt es natürlich, einen geeigneten Platz für den Einbau zu finden. Hier als Anregung ein paar Beispiele:

Kühlbox-Einbau in der Pantry . . .

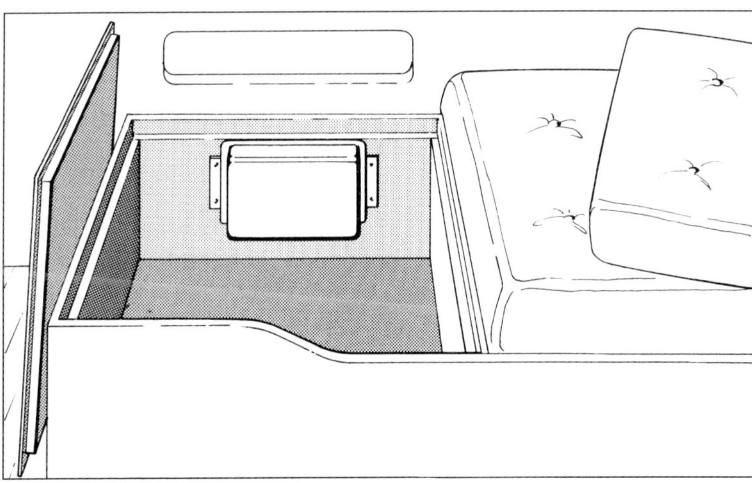

. . . unter der Koje.

. . . unter dem Kartentisch

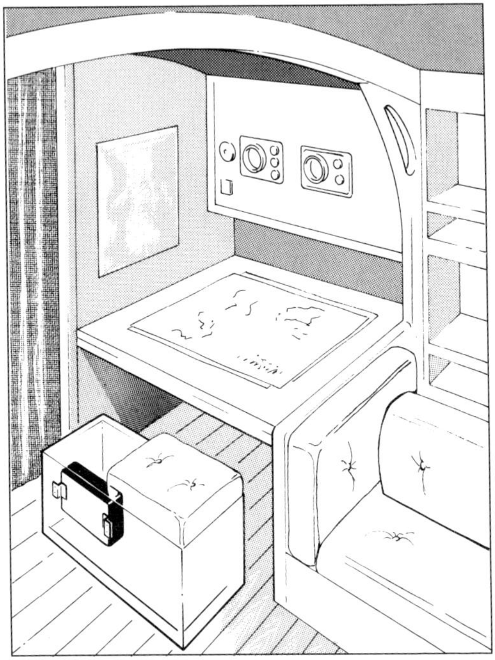

Da sich in der Kühlbox nur die Speicherplatte befindet, die völlig geräuschlos arbeitet, kann sogar die Koje als Einbauplatz genutzt werden. Kompressor mit Kondensator werden getrennt dort aufgestellt, wo die Kondensatorwärme gut abgeführt werden kann (z. B. im Motorraum). Die Box selbst sollte nicht in der Nähe des Motors oder der Heizung installiert werden. Sonst muß man sie extra wärmeisolieren.

Material

Entscheidend ist eine vollwertige Isolierung. Gut geeignet ist Sandwichmaterial von 50 mm dickem, quergebundenem Vinylcellplastik (Dichte

30 kg/m^3) bei Boxen um die 50 Liter Inhalt. Andere gleichwertige Materialien sind Divinylcell, Bonycell und ähnliche.
Dadurch, daß dieses Material aus einer 1 mm dicken Polyesterfläche innen, einem 50 mm dicken isolierenden Kern in der Mitte und einer 1 mm dicken Plastikschicht außen besteht, wird das Risiko, daß sich Risse bilden und Feuchtigkeit eindringt, vermieden.
Bei sehr kleinen Boxen (bis 25 Liter Inhalt) reicht 30 mm dickes Material. Boxen mit 75 bis 100 Liter Inhalt verlangen noch dickeres Material als 50 mm.

Und so wird beim Selbstbau einer Kühlbox vorgegangen:

1. Pappschablonen der benötigten Teile anfertigen.
2. Teile aussägen (Fuchsschwanz), gegen die Innenseite des Laminats sägen, damit der Schnitt innen sauber wird.
3. Verstärkungs-/Befestigungsleisten für die Bodenplatte herrichten und mit Silikonmasse unter die Bodenplatte kleben.
4. Bodenplatte und Seitenwände mit Silikonmasse zusammenkleben. Mit der Bodenplatte beginnen. Klebeflächen müssen sauber, fettfrei und trocken sein.
   Die Klebungen sind nach etwa 1 Stunde gebrauchsfertig, jedoch erst nach 24 Stunden durchgehärtet.
5. Falls gewünscht, ein Loch ∅ 10–12 mm für Kondenswasserabfluß in die Bodenplatte bohren, ein Abflußrohr einkleben, einen Schlauch aufstecken und, wenn möglich, in die Bilge oder ein Sammelgefäß führen.
   Wird kein Abfluß vorgesehen, muß von Zeit zu Zeit das anfallende Kondenswasser mit einem Schwamm entfernt werden.
6. Löcher für die Schnell-Kupplungen der Speicherplatte in die Seitenwand bohren. Die Speicherplatte so hoch wie möglich befestigen.
7. Zwischenwand (Plexiglas) einsetzen. So bekommt man ein Tiefkühlfach dort, wo die Speicherplatte sitzt und ein Vorratskühlfach. Am Boden einen Spalt zwischen Tiefkühl- und Vorratskühlfach offenlassen.

8. Öffnung für den Deckel in die Deckplatte sägen, Deckel nach Skizze anfertigen, entweder als Fall-Luke mit Scharnieren oder als losen Einsatz. Sehr wichtig ist, daß der Deckel dicht abschließt, so daß keine warme Kriechluft in die Box gelangen kann. Der Deckel muß deshalb mit einer Dichtungsgummileiste (Fensterabdichtung) versehen werden.
9. Deckplatte aufkleben.
10. Box im Boot montieren.

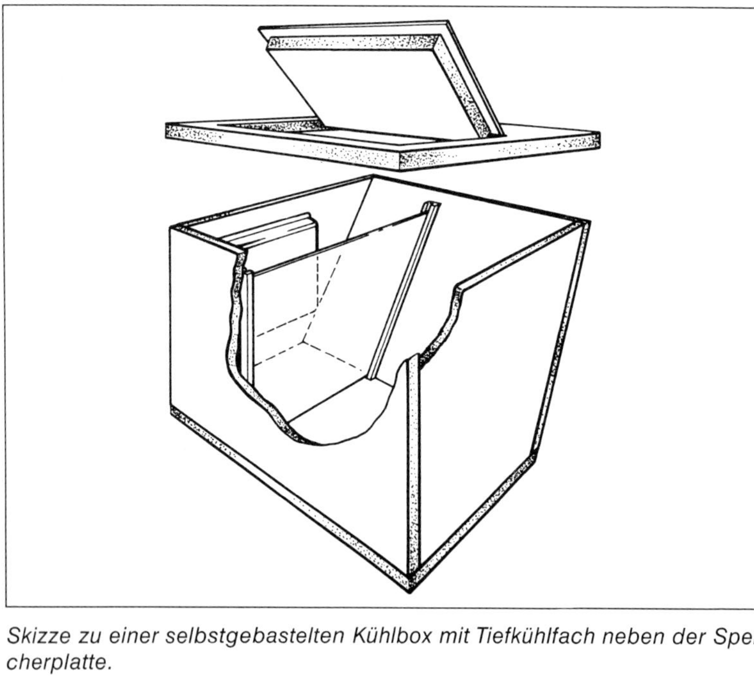

Skizze zu einer selbstgebastelten Kühlbox mit Tiefkühlfach neben der Speicherplatte.

Nachfolgend einige Beispiele für ausgeführte Kühlanlagen im Boot.

Kühlboxeinbau in der Pantry neben dem Kocher. Ein praktischer, aber wegen der Wärmeabstrahlung des Herdes nicht so günstiger Platz.

Eine andere Lösung: die Kühlbox in der Sofabank.

Anlage mit elektrisch angetriebenem Kompressor und Kühlbox mit Speicherplatte in einer 8-m-Segelyacht.

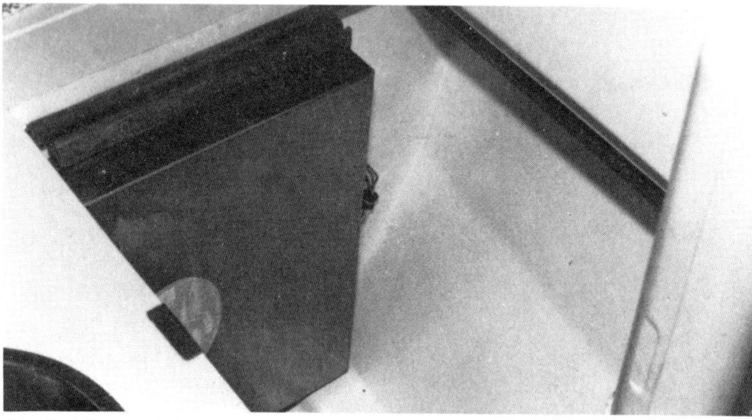

Die Kühlbox mit Speicherplatte neben der Spüle.

Kompressoraggregat und Kondensator eingebaut unter der Spüle und dem darunter liegenden Stauraum für Geschirr.

Einbau eines Kühlschranks in ein Geschirrschapp auf einer 7,60 m langen Segelyacht.

Nicht immer findet sich genügend oder ein geeigneter Platz, eine zusätzliche Kühlbox unterzubringen, wenn die vorhandene zu klein ist. Dann gibt es eventuell die Möglichkeit, auf den Geschirrschrank zu verzichten und ihn als Kühlschrank umzufunktionieren. Wie das auf diesem Boot geschehen ist.

Der Raum des Geschirrschranks wird rundum mit Styropor oder besser noch mit Polyurethan, 40 mm dick, ausgekleidet. Das Material wird mit doppeltem Klebeband oder Weißleim fixiert. In den so gewonnenen rechteckigen Raum kommt ein Kasteneinsatz, den man gesondert fertigt. Der

Das zum Kühlschrank umgebaute Geschirrschapp verschlossen mit der unten eingehängten Tür.

Blick in den selbstgebauten Kühlschrank. Oben die Speicherplatte, unten eine Gemüseschale.

Kompressor und Kondensator sind in dem Raum neben dem Kühlschrank eingebaut. Dieser Raum muß ausreichend belüftet sein.

Einsatz erhält seitlich, oben und hinten etwa 4 mm Spiel, sodaß er sich leicht einschieben läßt. Als Zwischenlage, zum Auffüllen des freien Raumes, dient Schaumstoff.
Nächste Arbeit ist die Tür. Man kann sie entweder mit Scharnieren anschrauben. Einfacher ist es, sie unten in eine Aufnahme einzuhängen und oben mit einem Riegel zu arretieren.
Wichtig für eine wirksame Isolierung ist, daß alles satt dichtet und keine Kriechluft eindringen kann. Ritzen mit Selbstklebefolie bekleben.
Bei der Montage der Speicherplatte, des Kompressoraggregats und dem Anschluß der Kühlmittelleitungen sowie des Thermostaten dürften sich keine weiteren Schwierigkeiten ergeben.

Fassen wir noch einmal zusammen, welche Möglichkeiten es zum Kühlen von Lebensmitteln an Bord gibt:

1. Transportable Kühlboxen:
   Kühlboxen mit Kühlakkus,
   Peltier-Kühlboxen,
   Kompressor-Kühlboxen mit eingebautem elektrisch angetriebenen Kompressor mit und ohne Kälte-Speicher,
   Absorber-Boxen für Gas- und elektrischen Betrieb.
2. Fest eingebaute Kühlboxen mit Speicherplatte
   mit elektrischem Kompressorantrieb,
   mit mechanischem Kompressorantrieb (Motor),
   mit 2 Kompressoren (elektrisch und mechanisch angetrieben).
3. Kühlschränke:
   Kompressor-Kühlschränke,
   Kompressor-Kühlschränke mit elektronisch geregeltem Kältespeicher,
   Absorber-Kühlschränke.

Wofür wir uns entscheiden ist von vielen Faktoren abhängig: Einsatzgebiet, Einsatzdauer, Größe des Bootes, Art des Bootes (Segel- oder Motoryacht), Anzahl der Crew, Motorisierung, zur Verfügung stehender Energie (Gas, elektrischer Strom), Elektrische Kapazität (Generator, Ladegerät), und schließlich mag der Preis auch eine Rolle spielen. Deswegen: auf die fachmännische Beratung bei der Planung nicht verzichten.

Tips, um beim Kühlen Energie zu sparen, die manchmal mißachtet werden

1. Es beginnt mit dem Einbringen des Kühlgutes. Hat man die Möglichkeit an Land vorzukühlen, sollte das geschehen.
2. Bevor die Box gefüllt wird, das Kühlgut sortieren und in der Nähe der Box bereitlegen. So vermeidet man lange Öffnungszeiten.
3. Ordnung in der Box halten. Die Trennung zwischen Tiefkühl- und Normalkühlfach ist klar. Nicht gut wäre aber das, was wir als nächstes wie-

der brauchen nach unten zu legen, so daß man beim Entnehmen den ganzen Inhalt umpacken müßte.

4. Schließlich heißt es, die am weitesten verbreitete Sünde zu vermeiden: Sich erst angesichts des Inhalts der Kühlbox (beim Schrank ist das noch viel schlimmer) bei geöffnetem Deckel zur Zusammenstellung des Menüs inspirieren zu lassen. Dabei kann man viel Energie sparen oder vergeuden.
5. Um die Temperatur in der Box zu kontrollieren, ist ein elektronisches Fernthermometer sehr nützlich. Mit seiner Hilfe sind wir stets im Bilde, wie es um unser Kühlgut bestellt ist. Ohne den Deckel zu öffnen.

Die Klimatisierung der Kajüte

Der nächste Schritt wäre die Klimatisierung der Kajüte. In nördlichen Breiten ist das sicher nicht ein sehr wichtiges Thema; Heizen ist da viel populärer. Aber am Mittelmeer und erst recht in der Karibik ist die Kühlung unter Deck auf jeden Fall ein interessanter Aspekt. Was man gegen allzu große Hitze unter Deck tun kann? Es gibt verschiedene Möglichkeiten:

Ein Sonnendach aus Kunstfaser oder Segeltuch ausbringen. Das ist angenehm am Ankerplatz und während der Fahrt, bringt aber nach Sonnenuntergang nichts mehr.

Genügend Bullaugen und Luken zum Öffnen auf beiden Seiten bringen etwas Durchzug, wenn die Luft nicht gerade „steht". Aber leider auch die Mücken.

Ein Windsack über dem Oberlicht oder Vorluk fängt jedes Lüftchen ein und leitet es nach unten.

Ein Autoventilator sorgt für Kühlung.

Wirklichen Komfort allerdings bringt erst die Airconditionanlage ins Boot.

Welche Möglichkeiten gibt es da? Die Aufgabe besteht darin, die zu warmen Kabinen zu kühlen. Prinzipiell geschieht das im Umluftbetrieb. Umluftbetrieb bedeutet, daß die Kabinenluft ständig umgewälzt und dabei durch die Kühlkörper der Klimaanlage geführt wird. Warum Umluftbetrieb? Würde man Frischluft von außen zuführen, müßte diese heiße Luft immer von neuem auf die gewünschte Kabinentemperatur heruntergekühlt werden – eine große Energieverschwendung. Außerdem würde sie ständig neue Feuchtigkeit von außen mitbringen, die dann als Kondenswasser ausfällt.

Wir erinnern uns: Genau umgekehrt ist es bei der Heizung. Die wird vorzugsweise mit Frischluft betrieben, um Feuchtigkeit aus der Kabine abzuführen.

Im Kapitel „Kühlung von Lebensmitteln" ist das Prinzip der Kälteerzeugung ausführlich beschrieben worden. Die Raumklimatisierung funktioniert nicht anders. Wie dort besteht ein Kälteaggregat aus Kompressor, Kondensator, Regulierventil (Drossel) und Verdampfer. Diese Komponenten wirken in dem uns bekannten Kreislauf mit dem Kältemittel zusammen und sind meist als Kältesatz zusammengebaut.

Wird Luft zum Kältetransport in der Kabine verwendet, vervollständigen Gebläse, Luftleitungen und Ausströmgitter die Anlage. Bei Wasser sind

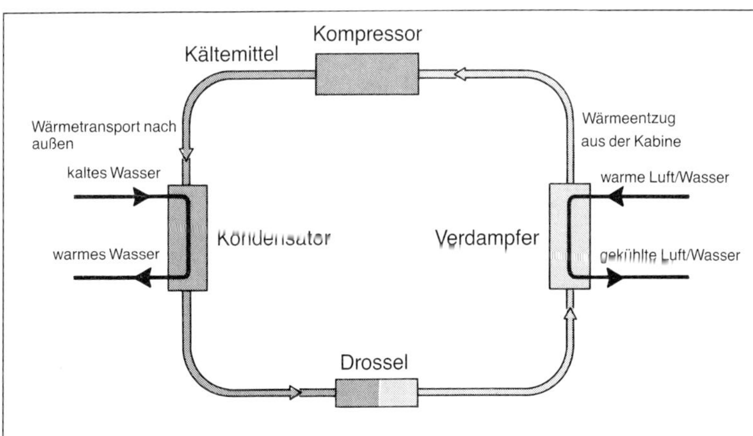

es Wasserpumpe, Wasserleitungen und Wasserkühlkörper mit eigenem Gebläse.

Es gibt jedoch auch Anlagen, bei denen die Verdampfer nicht zentral, sondern in den einzelnen Kabinen angeordnet sind. Dann wird das Kühlmittel selbst durch dünne Leitungen bis zu diesen Verdampfern geführt.

Die folgende Übersicht zeigt die verschiedenen Möglichkeiten. Für den Kondensator kommt praktisch, außer bei ganz kleinen Anlagen, nur Seewasserkühlung in Frage.

Ausgeführt werden folgende Anlagen:

1. Zentrales Kälteaggregat und Verdampfer im Luftstrom der Luftheizung. Heizung im Lüftungsbetrieb.
   Das ist die einfachste Lösung, wenn eine Luftheizung schon an Bord ist.
2. Zentrales Kälteaggregat und einzelne Klimageräte (Verdampfer- und Lüfterkombination) in den Kabinenräumen.
3. Zentrales Kälteaggregat und Kühlkörper mit Speicherplatten und Gebläse in den Kabinenräumen.
4. Zentrales Kälteaggregat kombiniert mit zentralem Gebläse. Luftumwälzungen durch Luftleitungen zu den Kabinenräumen.
5. Zentrales Kälteaggregat und zentrale Wasserpumpe. Wasserumwälzung zu den Wasserkühlkörpern in den Kabinenräumen.
6. Kombination Kühlaggregat zur Wasserkühlung und Brennstoff-Zusatzheizung als Wasserheizung.
   Das ist die komfortabelste Einrichtung zur Bootsklimatisierung. Sie läßt – vorausgesetzt sie ist richtig dimensioniert und ausgeführt – keine Wünschen offen.

Weitere wichtige Punkte sind: Die Ermittlung der erforderlichen Kühlleistung/Größe der Anlage, Antrieb des Kompressors, Kühlung des Kondensators (Luft-/Seewasserkühlung), Entfeuchtung der Luft, Kondenswasserabführung, Luft-/Wasserleitungsführung, Kühlmittelleitungsführung.

Bevor wir uns mit diesen Punkten und den unterschiedlichen Klimatisierungsmöglichkeiten im Detail befassen noch ein paar allgemeine Bemerkungen zum Thema. Wie bei der Heizung muß man sich auch bei der Kühlung zunächst darüber im klaren sein, was man haben will. Sehr hilfreich sind bei diesem Klärungsprozeß der Rat und die Unterstützung eines Fachmannes, und zwar eines Boots-Klimatisierungs-Fachmannes. Jedes Boot verlangt eine individuelle Auslegung und Ausführung der Klimaanlage, will man sich vor späteren Enttäuschungen bewahren.

Die erste Frage ist, um was für ein Boot handelt es sich?
Wie groß ist es. Motorboot mit relativ großen Fensterflächen (über 4 m^2) oder Segelboot mit kleinen Bullaugen? Wieviele geneigte Fenster sind vorhanden, sind die Scheiben getönt, sind alle Scheiben mit Rollos oder Vorhängen versehen?
Ist die Inneneinrichtung in hellen oder dunklen Tönen gehalten? (Zum Vergleich: Heizt sich Mahagoni bis 70 °C auf, werden helle Möbel bei gleicher Außentemperatur nur 45 °C bis 50 °C warm).
Haben der Rumpf oder die Aufbauten breite dunkle Streifen oder große lichtschluckende Flächen?
Haben alle Skylights eine innere Sonnenabdeckung, oder kann von außen mit heller Plane abgedeckt werden?
Sind Luken und Türen dicht?
Das muß alles – unter anderem – bei der Dimensionierung der Klimaanlage berücksichtigt werden. Daraus folgt logischerweise, daß zunächst versucht werden muß, das Boot so wärmeunempfindlich wie möglich zu machen. Denn Hitze, die gar nicht erst eindringt, brauchen wir nicht wieder wegzukühlen.

Dann wenden wir uns der nächsten Frage zu: Wo fahren wir?
Obwohl in nördlichen Breiten die wirklich heißen Tage eher selten sind, können auch dort an schwülen Abenden beim Ankern in Flußnähe oder bei fallender Tide die Mücken so lästig werden, daß man alle Öffnungen nach außen dicht machen muß, um sich vor diesen Plagegeistern zuschützen. Im Boot wird's dann sehr schnell unangenehm warm.
Hat man südliche Gewässer – wie das Mittelmeer oder die Karibik – als sein Revier erkoren, bedeutet das in den Sommermonaten auf jeden Fall große Hitze. Auch die Nächte bringen kaum Abkühlung, denn die tags-

über aufgeheizten Kabinen und Kojen strahlen bis weit nach Mitternacht soviel Wärme ab, daß an Einschlafen nicht zu denken ist.
Die Klimaanlage wird dann zum begehrtesten Gerät an Bord.

Das führt zur dritten Frage: Was erwarten wir von unserer Klimaanlage?
Technisch wäre es kein Problem, Klimaanlagen jeder Leistung auch in Booten zu installieren – wenn nur die nötige elektrische Energie zur Verfügung stände.
Leider sind beim Einsatz an Bord die Grenzen wieder mal ziemlich eng gezogen, und da der Energiebedarf einer Klimaanlage 10 bis 20 mal so groß ist wie beim Kühlschrank oder der Kühlbox, gilt es genau zu überlegen, wann man Kühlung braucht, wieviel und wo.
Über eins muß man sich im klaren sein: Unter südlicher Sonne wird die Batterie häufig allein von der Kühlbox oder dem Kühlschrank geschafft.
Für die Stromversorgung der Klimaanlage bleibt dann nichts mehr übrig.
Die wohl unangenehmste Zeit bei großer Hitze ist die Zeit, die man in Marinas oder Häfen verbringt. Das Warten auf Freunde oder Gäste, auf irgendwelche Versorgungsgüter zwingt aber manchmal dazu.
Bei dieser Gelegenheit muß ein Wort dazu gesagt werden, welche Temperatur man tagsüber unter Deck überhaupt haben sollte. Da gibt es manchmal falsche Vorstellungen. Die generelle Antwort ist: Etwa 10 °C bis 12 °C unter der Außentemperatur, aber nicht kälter.
Das wird sicherlich Erstaunen auslösen. Bedeutet es doch, daß bei 45 °C Außentemperatur eine Temperatur unter Deck von 35 °C vorgeschlagen wird. Warum nicht 20 °C Zimmertemperatur? Weil man das gesundheitlich kaum verkraften würde. Eine dicke Erkältung am nächsten Tag wäre uns ziemlich sicher. Und das bei hochsommerlichem Wetter.
Schließlich hält man sich ja nicht ständig in der gekühlten Kajüte auf, so daß sich der Körper an die niedrige Temperatur gewöhnen könnte, sondern man ist bald draußen, dann wieder drinnen.
Deswegen: Der Thermostat der Klimaanlage 10 °C bis 12 °C unter Außentemperatur ist richtig. Dafür genügt im Hafen eine kleine bis mittlere Kühl-

leistung, die ein elektrischer Kompressor liefert. Seinen Strom bezieht er vom Landanschluß. Er kann deshalb beliebig lange laufen, auch während der Nacht.
Anders sieht es aus, wenn man außerhalb des Hafens – in einer Bucht zum Beispiel – vor Anker liegt, ohne Landstrom also. Nun ist der Generator gefordert und da wünscht man sich eine möglichst rasche wirksame Abkühlung, um dessen Laufzeit so kurz wie möglich zu halten. Glücklicherweise haben die Boots-Generatoren in der Regel wesentlich mehr Leistung zu bieten als der Landanschluß, so daß weitere Kompressoren für einen kräftigen Kälteschub, der abends für eine angenehme Temperatur zum Einschlafen sorgt, zugeschaltet werden können. Die Kompressoren werden nacheinander zugeschaltet, um den Generator nicht gleichzeitig mit deren hohen Anlaufstrom zu überlasten. Den Betriebsstrom für mehrere Kompressoren liefert der Generator bei richtiger Auslegung problemlos.
Am Landanschluß ginge das nicht, da die üblichen Landnetze nur zwischen 6 bis 16 A abgesichert sind, wobei sich auch noch mehrere Zapfer einen Anschluß teilen müssen.
Das hier Angedeutete mag zeigen, wie abhängig die Frage der Klimatisierung des jeweiligen Bootes, außer vom Boot selbst, von individuellen Vorstellungen und Gewohnheiten des Eigners ist. Es gehört deswegen viel praktische Erfahrung dazu, aus dem großen Angebot an Klimageräten die geeigneten auszuwählen.

Luftheizung als Airconditioner

Haben wir eine Luftheizung an Bord, die auch zum Lüften eingeschaltet werden kann, dann können wir in die Heizluftleitung einen Luftkühler einbauen, der vom Kälteaggregat mit versorgt wird. Der Heizungsschalter wird dann auf Lüften gestellt, das Heizungsgebläse saugt Luft, möglichst als Umluft aus der Kajüte, an und der Luftkühler kühlt sie ab, ehe sie aus dem Ausströmer wieder in die Kajüte gelangt.
Das Prinzip sieht so aus:

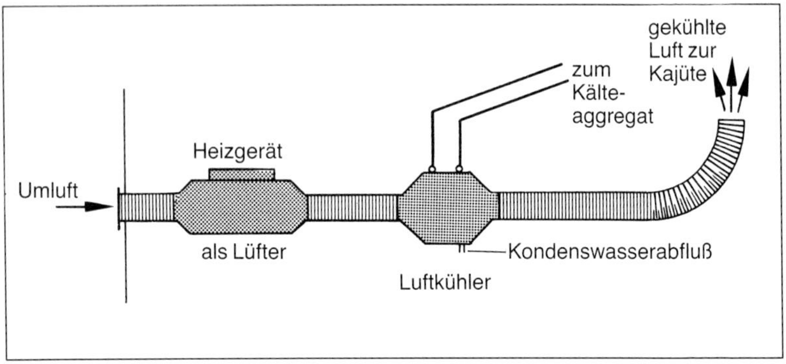

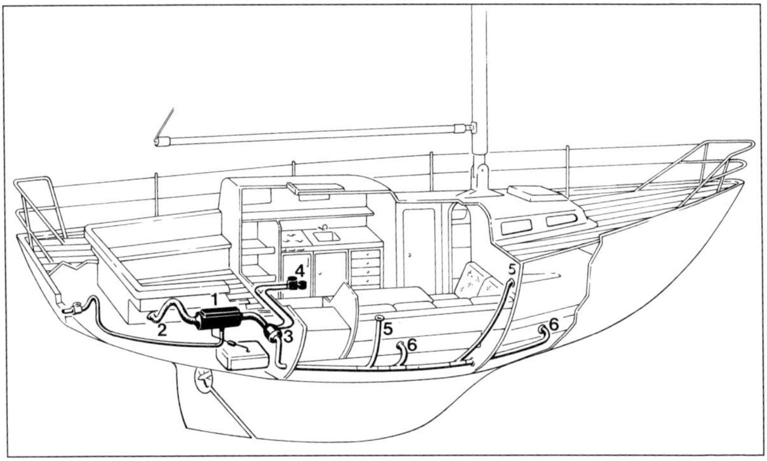

Anordnung einer Luftheizung als Airconditioner

1 – Heizgerät
2 – Luftansaugung (wenn möglich zur Umluftansaugung Verbindung zur Kabine schaffen, Frischluft zum Kühlen ist aus verschiedenen Gründen nicht so günstig)
3 – Luftkühler (Verdampfer)
4 – Kälteaggregat
5 – Ausströmer für Kaltluft
6 – Ausströmer für Warmluft

Diese Art der Raumklimatisierung eignet sich natürlich nur für kleine Boote und ist dann eine praktikable Lösung, wenn beim nachträglichen Einbau zusätzliche Luftkanäle, beziehungsweise Schläuche nur beschränkt verlegt werden können.
Unbedingt muß man darauf achten, daß die gekühlte Luft in der Kabine so hoch wie möglich ausströmt. Da kühle Luft schwerer ist als warme und deswegen nach unten sinkt, darf man sie nicht durch die unten angeordneten Ausströmer für die Heizluft ausströmen lassen. Wir würden nur kalte Füße aber keinen kühlen Kopf bekommen. Deswegen: Für die gekühlte Luft zusätzliche Ausströmer, beispielsweise über der Sitzbank anordnen und die Ausströmer für die Heizluft verschließen, wenn gekühlt wird und umgekehrt.

Klimageräte (Verdampfer und Lüfterkombination)
Bei diesen Geräten wird das Kältemittel vom Kälteaggregat bis zum Klimagerät geführt. Das Klimagerät selbst wird möglichst hoch in der

Verschiedene Ausführungen von Decken-Unterbaugeräten

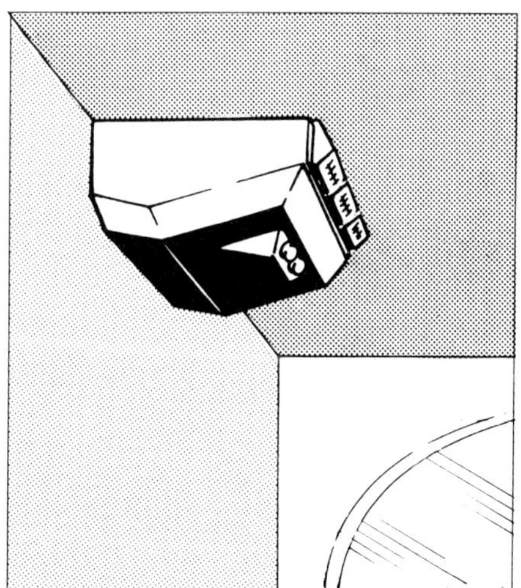

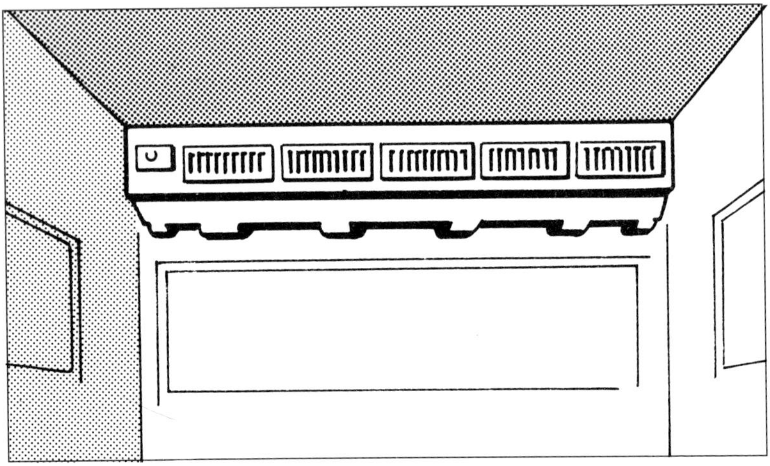

Kabine montiert. Der Vorteil: Es sind nur die relativ dünnen Leitungen für das Kältemittel zu verlegen. Der Nachteil: Platzbedarf für das Klimagerät in der Kabine.
Diese Art der Kabinenklimatisierung eignet sich auch recht gut für den nachträglichen Einbau in kleine Boote. Da das Klimagerät an das für die Kühlbox oder den Kühlschrank vorhandene Kälteaggregat – vorausgesetzt dessen Kälteleistung reicht aus – mit angeschlossen werden kann, ist der zusätzliche Aufwand gering.

Klimatisierung größerer Boote etwa ab 12 m Länge
Für diese empfiehlt es sich unbedingt, die Anlage von Grund auf zu konzipieren. Um so besser, wenn sie gleich in der Werft mit eingebaut werden kann. Bisher wurde noch nichts gesagt über die Größe/Kälteleistung von Klimaanlagen. Aus gutem Grund. Zu viele individuelle Faktoren sind zu berücksichtigen, um allgemeingültige Anhaltswerte nennen zu können. Man sollte bei der Planung der Anlage den Vorschlägen der Fachleute vertrauen.

Gemäß der Übersicht am Anfang des Kapitels gilt es sich nun zu entscheiden
beim Kältetransport zwischen
1. Verdampfer-Lüfterkombination in der Kabine,
2. Speicherplatten mit Gebläse,
3. Luftkühlung,
4. Wasserkühlung,
5. Wasserkühlung, kombiniert mit Brennstoff-Zusatzheizung;

beim Kondensator zwischen
1. luftgekühltem Kondensator (weil unpraktikabel kaum verwendet),
2. seewassergekühltem Kondensator;

beim Kompressor zwischen
1. mechanisch von der Hauptmaschine angetriebenen Kompressor,
2. elektrischem Kompressor oder mehreren elektrischen Kompressoren,
3. Kombination von mechanisch angetriebenem und elektrischem Kompressor.

Von den vielen Möglichkeiten kann hier nur auf einige wenige eingegangen werden.

Klimatisierung mit zentralem Kälteaggregat und Speicherplatten mit Gebläse

Diese Anlagen besitzen einen von der Hauptmaschine angetriebenen Kompressor. Kälteleistung steht also reichlich zur Verfügung, wenn die Maschine läuft. Man erkennt auf der Abbildung, daß an der Antriebswelle vom Motor, vor dem Kompressor noch ein Elektromotor sitzt. Dieser übernimmt den Antrieb des Kompressors am Landanschluß beziehungsweise wenn der Generator des Bootes Strom liefert, die Hauptmaschine jedoch stillsteht.
In den Kabinen sind Kühlkörper installiert, die einen Verdampfer und die uns von der Kühlbox bereits bekannte Speicherplatte enthalten. Nur ist diese natürlich viel größer.

Läuft die Hauptmaschine, wird der Kühlkompressor über eine Magnetkupplung zugeschaltet. Nach ca. ½ Stunde ist die Speicherplatte zu einem festen Block gefroren.
Der Trick ist nun, daß der Kühlkörper isoliert ist und Kälte – praktisch – nur abgegeben wird, wenn ein eingebautes Gebläse Luft über die Speicherplatte bläst. Dieses Gebläse wird vom Thermostaten in der Kabine ein- und ausgeschaltet.
Wenn also die Maschine läuft, wird Kälte auf Vorrat erzeugt, während des Stillstandes der Maschine ohne Energieverbrauch gekühlt. Außer dem Verbrauch des Gebläses natürlich.
Ausreichende Speicherkapazität aber bedingt entsprechende Größe der Speicherplatten und das heißt: Gewicht und Platzbedarf.
Somit bleibt der Einsatz beschränkt auf relativ große Yachten.

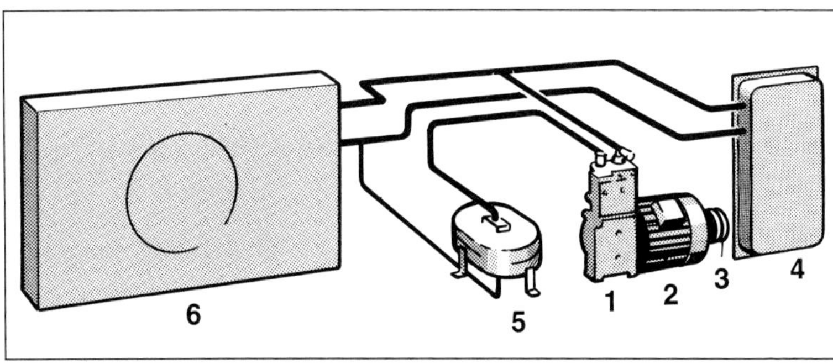

Prinzip einer Anlage mit zentralem Kälteaggregat, Speicherplatten und Gebläse.

1 – Kompressor an der Hauptmaschine
2 – Elektromotor
3 – Wellenantrieb
4 – Speicherplatte in der Kühlbox
5 – Seewassergekühlter Kondensator
6 – Kühlkörper mit Speicherplatte und Gebläse in der Kajüte

Zentrale Airconditionanlage

Es gibt sie für Luft- oder Wasserbetrieb und als Kombination Wasserkühlung/Wasserheizung. Der Kältesatz (Kompressor, Verdampfer, Kondensator) ist kompakt zusammengebaut.
Beim luftgekühlten Betrieb ist noch ein großes langsam laufendes Walzengebläse installiert. Der Lufttransport erfolgt über Luftleitungen mit etwa 150 mm Durchmesser.
Den Platzbedarf der Luftleitungen mit immerhin 150 mm Durchmesser vermeiden wassergekühlte Anlagen. Bei diesen können außerdem Kondensator und Verdampfer platzsparend ineinander angeordnet sein.
Wenn hier von luft- bzw. wassergekühlten Anlagen gesprochen wird, ist damit immer der Wärmetransport aus den Kabinen zum Kälteaggregat gemeint. Die Wärme muß aber dann nach draußen abgeführt werden. Dazu ist der Kondensator da. Er wird bei Klimaanlagen dieser Größe ausschließlich durch Seewasser gekühlt. Die Skizze auf S. 99 zeigt das.

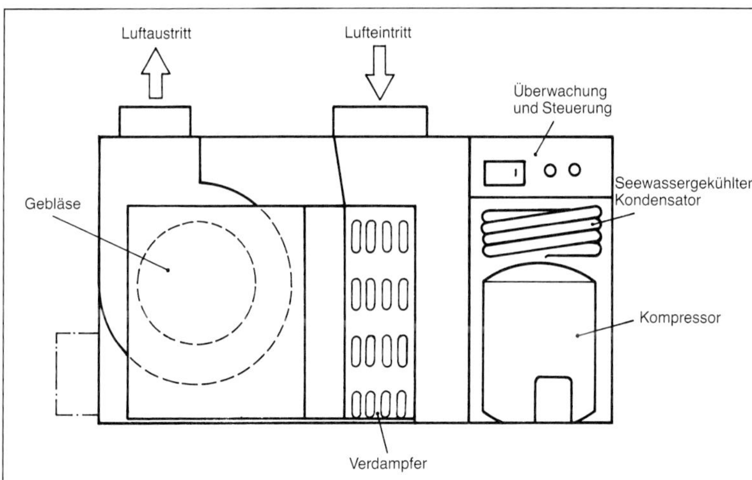

Zentrale Anlage für luftgekühltem Betrieb.

Schematische Darstellung des Kältesatzes für wassergekühlten Betrieb.

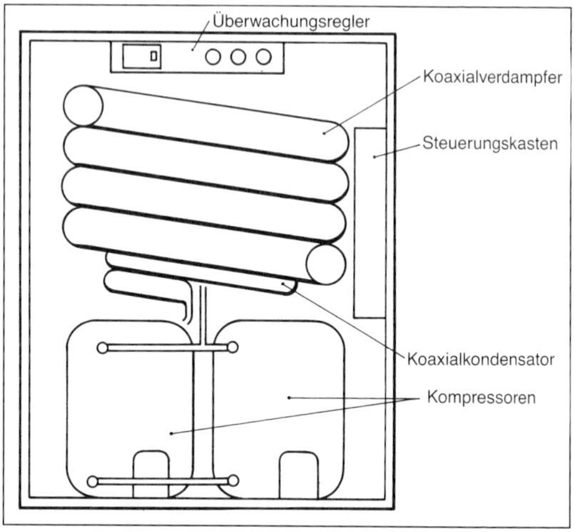

Einbau des Kältesatzes im Maschinenraum einer Motoryacht.

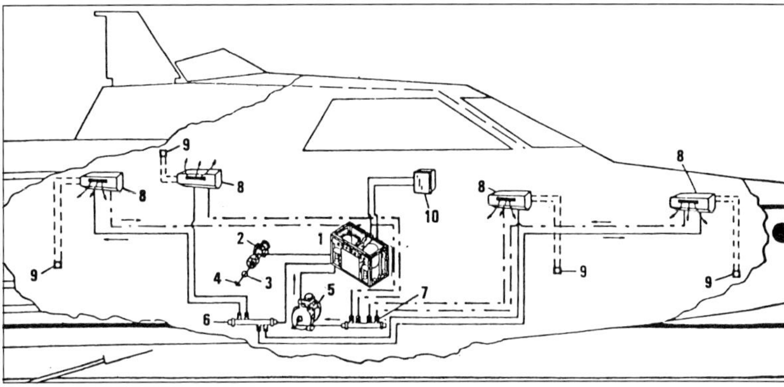

Schema einer wassergekühlten Klimaanlage in einer 14 m Motoryacht.

1 – Kältesatz
2 – Seewasserpumpe
3 – Filter
4 – Kühlwassereintritt
5 – Wasserpumpe für Klimageräte
6 – Vorlaufverteiler
7 – Rücklaufsammler
8 – Kühlkörper mit Gebläse
9 – Thermostat
10 – Elektronisches Steuergerät

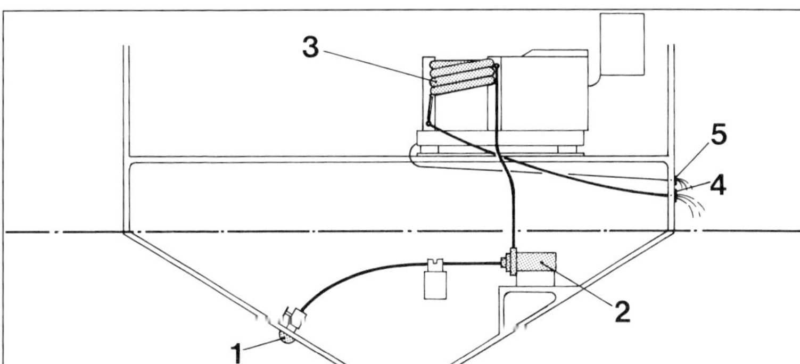

Schema der Seewasserkühlung des Kondensators einer Bootsklimaanlage.

1 – Kühlwassereintritt (stets unter der Wasserlinie)
2 – Wasserpumpe (seewasserbeständig)
3 – Kondensator (seewassergekühlt)
4 – Kühlwasserablauf
5 – Kondenswasserablauf

Noch einmal zurück zu den Besonderheiten von luft- und wassergekühlten Anlagen:

Luftgekühlte Anlagen	Wassergekühlte Anlagen
∅ der Luftleitungen vom Kältesatz zu den Kabinen groß; ca. 150 mm Innen-∅	∅ der Wasserleitungen vom Kältesatz zu den Kabinen klein; max. 3/4“ Schläuche
In den Kabinen kein Platzbedarf für Kühlkörper. Ausströmgitter braucht keinen Kabinenplatz. Leitungslänge max. 12 m	In den Kabinen sind kleine mit geräuscharmen Ventilatoren bestückte Kühlkörper installiert. (Leistung 2 bis 6 kW). Länge der Wasserleitung bis 20 m. Anschluß von bis zu 10 Kühlkörpern möglich. Einzeln mit Thermostat schaltbar. Glykol-Wassergemisch im Wasserkreislauf.

Nachsatz

Der Autor bedankt sich bei allen, die ihm beim Zustandekommen dieses Büchleins geholfen haben. Vor allem für Tips und Anregungen von Fachleuten der Heizungs- und Kühlungsbranche sowie für Text- und Bildmaterial von Herstellerfirmen und Händlern.

Allen seinen Lesern wünscht er viele stets wohltemperierte Stunden an Bord, sei's in unwirtlich-kühlen, sei's in sommerlich-heißen Revieren.

Hersteller von Kühlgeräten/ Klimageräten

VOLVO-PENTA
Reederkoppel 5
D-2300 Kiel 17
Tel. (04 31) 3 94 80

WAECO-Wähning & Co. GmbH
Sinninger Str. 36
D-4407 Emsdetten
Tel. (0 25 72) 8 79 – 0

GERMAN FREEZER
Kälte- und Klimaanlagen
Benzstr. 6
D-7016 Gerlingen
Tel. (0 71 56) 2 82 02

POLARMATIC
Kühl- und Klimatechnik GmbH
Stephanusstr. 16a
D-4790 Paderborn
Tel. (0 52 51) 7 39 86

KISSMANN
Kompressorkühlgeräte
Gundermannstr. 7
D-8000 München 45
Tel. (0 89) 3 13 56 32

WEMO
Kältetechnik
CH-8252 Schlatt
Tel. (0 53) 37 38 21

ELECTROLUX
4 rue de la Frontière
L-9412 Vianden
Tel. (0 03 52) 8 45 95

FRIGOMAR s.n.c.
Via San Terenziano 7
I-16040 Leivi (Genova)
Tel. (01 85) 30 64 24/25